人生が変わる

親鸞のことば

[illegible]

Shinran's
aphorism

Only one step away from a new hope.

人生が変わる
親鸞のことば

真宗大谷派僧侶
川村妙慶

Shinran's aphorism

講談社

はじめに

「人生が変わる　親鸞のことば」。え？　本当に変わるの？　と、半信半疑でこの本を手にとられたのではないでしょうか。

ということは、あなたは自分の人生に納得できていない、ということなのですね。悩まれているのですね。

そうだとしたら、「それが変わるきっかけ」なのです。そのもやもやした気持ちが、大切なのです。

人は、「こんなものだ」と答えをもったところから、成長はストップします。

「しっかり悩んでいることを知る」ことが、変わる要素を持ち合わせているのです。

親鸞聖人も、とことん悩みぬきました。自分を見つめれば見つめるほど、生きる場所が見つからなかったのです。

世間の闇の中で、絶望的な孤独を味わったのが親鸞聖人でした。

ところで、なぜ「親鸞」なのでしょう？

あるテレビの討論番組に出演したときのことです。司会の方に、「仏教では、悟りを得る方法が、『自力《じりき》』と『他力《たりき》』に分かれるのですよね。妙慶さんは他力派ですか？」と聞かれました。

まるで「自力」と「他力」が対戦しているような受け止め方ですね。

実は、「自力」と「他力」は反対語ではないのです。むしろ、つながっているのです。

ある僧は、「すべての自力は、他力に支えられてあった」とおっしゃいました。どういうことでしょうか。

人間は、まず自力からはじめます。つまり頑張るのです。一生懸命に努力して乗り越えようとするのです。しかし、頑張ってもどうにもならないことがありますね。すると「もう私はダメだ！」と絶望します。つまり、頑張る人ほど折れやすいのです。

そんなとき、「本当にそれで終わりなのか？」と、視点を変えられたのが親鸞聖人でした。

親鸞聖人は9歳で出家して修行の道へ入ります。そして20年間、比叡山《ひえいざん》での厳しい修行に耐えるのです。「自力」の修行ですね。

しかし、29歳のとき、山を下ります。世間から見れば「挫折した」ように見えますが、そうではないのです。時間をかけて、自力修行の道を捨てて、方向転換されたのです。「自力修行だけではどうしても救われない」と身が叫《さけ》んだのです。

親鸞聖人は１００日間、京都の六角堂《ろっかくどう》に参籠《さんろう》することにしました。六角堂を建立された聖徳太子を、「日本の釈尊《しゃくそん》」と讃嘆《さんたん》していたからです。

そして六角堂に籠《こも》ってから95日目の暁《あかつき》、親鸞聖人は本尊・救世観音《ぐぜかんのん》の夢《む》告《こく》を聞きます。この夢告により親鸞聖人は、京都、吉水《よしみず》にいる法然上人《ほうねんしょうにん》の門を訪ねることを決心します。

そこで、法然上人の「お念仏で救われる」という「他力」の教えに救いを見出しました。「他力」とは、阿弥陀《あみだ》さまの願いに包まれているということ。親鸞聖人にとっては「このこと一つだ」と思われた、決定的な出来事だったのです。

前述の僧がおっしゃった「すべての自力は、他力に支えられてあった」というのは、「自力で修行できるのも、挫折しそうになって新たな道に導かれることも、すべて阿弥陀如来《にょらい》の本願《ほんがん》、他力に支えられているからだ」という意味です。

苦労の憂き目にあっても挫折を受け入れ、発想を大転換した親鸞聖人のしなやかな生き方は、当時の人々だけでなく、現代を生きる私たちをも魅了し続けています。


さて、親鸞聖人のもうひとつの魅力は、結婚されたということです。

当時の僧侶は、「肉食妻帯」は固く禁じられていました。そのような時代に、親鸞聖人はなぜ結婚されたのでしょうか。

それは「生活の中から学び合う」ということです。外でどれだけ偉そうにして嘘でごまかしても、家庭では本当の姿が浮き彫りになります。浮き彫りになった本当の自分を見つめることが大切だと親鸞聖人は考えられたのではないでしょうか。

親鸞聖人は、人間はすべて「凡夫《ぼんぶ》である」という前提に立っておられました。「凡夫」とは、「仏教の教えや真理を理解しない、煩悩（欲望）にまみれた愚かな人間」という意味です。

伴侶の「伴」という字は、「人」は「半分」の存在であると書きます。ともに未完成だからこそ、互いに助け合い生きていけるのだということです。

その原点は「御同朋《おんどうぼう》・御同行《おんどうぎょう》」のお心でした。

高みに立って教えるのではなく、共に歩んでいく。

私たちと同じ視線で生きた親鸞聖人に、私は共感します。

〈この本を読むにあたってのお願い〉

すべての言葉は他人事として見ないこと。
自分のこととして読んでください。
賢くなろうとしないでください。
自分の性格を変えようとしないでください。
過去を消したいと思わないでください。
他人を変えようと思わないでください。
反省しなくていいのです。

あなたがどれだけ失敗や挫折を味わっても、そこで終わりではありません。

「私たちには、生まれる前からもうすでに願われ、支えてくださる仏地（比べられることのない世界）がある。上へと登りつめることだけを考えると、いつも不安が付きまとう。そうではなく、この仏地に支えられて、ここで安心して生きていけばいいのだ」。そう教えてくれたのが親鸞聖人です。「自力」で頑張っている私も、大きな「他力」で包まれているのです。

この本には、人間なら誰もが抱える身近な悩みを63、紹介しています。まずはレストランでメニューを見るように、このあとの目次から、自分が抱えている悩みにあてはまる項目を探してください。

仏法を学ぶということは本当の自分に気づかせていただくことです。そこからあなたの人生に余裕が生まれ、新たなスタートに立てるでしょう。

人生が変わる　親鸞のことば

目次

はじめに　001

1　考えすぎてしまう人へ　014
2　がんばりすぎて空回りしている人へ　018
3　浮気をされて悔しくてたまらない人へ　022
4　努力してもうまくいかない人へ　026
5　世間の価値観が気になる人へ　030
6　見栄を張ってしまう人へ　034
7　失敗して落ち込んでいる人へ　038
8　悪口を言われて悔しい思いでいる人へ　042

9 素直に謝れない人へ 048
10 毎日がおもしろくないという人へ 052
11 結婚が失敗だったと嘆いている人へ 056
12 失言したことで悩んでいる人へ 060
13 人が許せないという人へ 064
14 辛いことばかりでヘコたれそうな人へ 068
15 注目されたいと焦る人へ 072
16 他人を見下す人へ 076
17 人の気持ちを疑ってしまう人へ 080
18 職場のコミュニケーションが苦手な人へ 084
19 うまくいっている人に嫉妬してしまう人へ 088
20 生き方に迷っている人へ 092
21 人生を占いで決めてしまう人へ 096

22 出世したい人へ 100
23 親を亡くして不安な人へ 104
24 結果を出せるか心配な人へ 108
25 なかなか芽が出ないという人へ 114
26 今の仕事にやりがいを感じない人へ 118
27 怒りがおさまらない人へ 122
28 自分の顔に自信がない人へ 126
29 自分が偉いと思っている人へ 130
30 偏見に苦しんでいる人へ 134
31 配偶者と同じ墓へ入りたくないと嘆く人へ 138
32 心に余裕のもてない人へ 142

33 傲慢になっている人へ 146
34 ネットで批判を受け、怒りがおさまらない人へ 150
35 鬱になり辛いという人へ 154
36 感謝できないという人へ 158
37 どうしても人と合わせられない人へ 162
38 最愛の人を亡くした人へ 166
39 どう子育てしてよいかわからない人へ 170
40 子どもに恵まれないと苦しんでいる人へ 174
41 バカにされて悔しい人へ 180
42 人の間違いが許せないという人へ 184
43 自然災害が怖い人へ 188
44 人を信じられなくなった人へ 192
45 死を宣告された人へ 196

46 霊感商法にひっかかった人へ 200
47 幸せになれないと感じる人へ 204
48 夫婦仲の悪い人へ 208
49 お金持ちになりたい人へ 214
50 他人を大切にできない人へ 218
51 清く美しく生きたいという人へ 222
52 遺産相続で争っている人へ 226
53 恨みをつのらせている人へ 230
54 学歴コンプレックスのある人へ 234
55 仕事の限界を感じている人へ 238
56 苦しいだけの人生だと嘆いている人へ 242

57 パワースポット巡りをしている人へ 248
58 尽くしているのに報われないという人へ 252
59 すぐひがんでしまう人へ 256
60 叱り方がわからない人へ 260
61 行き止まりだと感じる人へ 264
62 個性がないと言われて悩む人へ 268
63 孤独を感じている人へ 272

おわりに 276

Only one step away from a new hope.

Shinran's aphorism

I

考えすぎてしまう人へ

自分の都合で計算して生きることをやめよ

念仏には無義《むぎ》をもって義《ぎ》とす　『歎異抄《たんにしょう》』

私たちは、失敗したり、人生が自分の思うとおりにならないと「生きていて何の意味があるのか」と悩んでしまいます。

いっそのこと死にたい。もっと楽になりたい。

不安を忘れるために、どこかに癒しを求めたとします。それでもどうしようもない寂しさから、酒や薬などに頼ることもあるでしょう。

しかし、どれほど頼っても、一生効き続けることはないのです。

また、いつまでも癒しや快楽を求めると、人間らしく「思い悩む、考える」ということができなくなってしまうのです。

さて、「念仏には無義をもって義とす」という親鸞聖人の言葉があります。

「義」は「はからい」という意味、つまり自分の都合で計算するということです。

「思いから解放されることが、念仏なんだよ」と親鸞聖人はおっしゃいます。

計算すれば、嫌な方だけを切り落としたくなります。

こんなつまらない自分に価値があるのか？　失敗してしまった自分は誰にも受け入れられないのでは？　そう思うと、上手く世間のレールに乗れない自分を切り捨てたくなるのです。

けれども、桜も寒い時季を経てこそ美しい花を咲かせます。バラの花も白分のトゲを引き受けて色とりどりの花を咲かせています。

自分と自分を戦わせないでください。

むしろ「降参！　あとは自然におまかせ」と力を抜くことが「念仏」なのです。

計算して、辛いことを切り捨てようとしないでください。

「トゲ」なくして、人を魅了する彩りある人生は歩めないのですから。

妙慶メモ

桜も、寒い時季を経て春に花を咲かせます。
人も、しんどい時期を体得してこそ
人生に深みが増すのです。

2

がんばりすぎて空回りしている人へ

力を抜いて大きく息を吐けば
体は自然と浮いてくる

他力《たりき》と言うは、如来の本願力《ほんがんりき》なり
『教行信証《きょうぎょうしんしょう》』

例えば、あなたが苦悩という海に投げ出されたとします。

すると、何としてでも自分の力ではい上がろうとするでしょう。

しかしパニックの状態では、体に無駄な力が入り、そのせいでかえって浮き上がれなくなっていることには気づけません。

なぜ気がつけないのでしょうか？　それは自分の判断がいつも正しいと思っているからです。

私たちは、悲しみや苦しみに遭遇すると、自分の力で解決しようとしてがんばります。自分の意志でがんばろうとする「自力の心」があるせいです。

親鸞聖人は「弥陀《みだ》を憑《たの》む」という言葉を使われました。「頼む」ではなく「憑む」です。字の通り、馬に乗る気持ちで、あとは阿弥陀さまの懐《ふところ》におまかせするということです。

例えば、海に投げ飛ばされたとき、力を入れてジタバタするのではなく、力を抜いて大きく息を吐けば、体は自然と浮いてきます。あとは流れを見ながら、泳ぐことしかできないのです。これが、阿弥陀さまによる「他力」なのです。

仏教でいう「他力」とは、「この世で苦しむ人々を必ず救う」という阿弥陀さまの大きな願い（本願）の力のことです。

「他力本願」というと、今では「他人の力をあてにして、自分は何もしない」というマイナスのイメージで解釈されますが、そうではなく、親鸞聖人の言葉は、人間には努力だけではどうにもならない限界があることを教えてくれています。

自分の力ではどうにもならないときは、力を抜いて大きく息を吐いてください。

そうすれば、浮かび上がることができなかったこれまでの自分の状況がはっきり見えてきます。

あとは自然の流れが、あなたをあるべき場所へと導いてくれます。

妙慶メモ

自分の力には限界があります。
大きく深呼吸し、息を抜いていきましょう。
このことを「息抜き」といいます。

3

浮気をされて悔しくてたまらない人へ

浮気をされて恨むことなかれ
そのことによってあなたは
すばらしい哲学者になれるのである

不《ふ》断《だん》煩《ぼん》悩《のう》得《とく》涅《ね》槃《はん》『正《しょう》信《しん》偈《げ》』

「夫（妻）が浮気して、悔しいです」

こんなメールがあとを絶ちません。

どうしたら浮気防止ができるのかと嘆き、連れ合いを罵倒《ばとう》します。

その気持ちは痛いほどわかります。

しかし過去は取り戻せないのです。

親鸞聖人が「不断煩悩得涅槃」とおっしゃったのは、「煩悩を断ち切らずに、涅槃という悟りの世界を得ましょう」という意味です。

「浮気をするな」と言っても、人間は煩悩を断ち切ることはできません。目の前の縁次第で、人の気持ちは変わるのです。

ただ煩悩を完全にかき消すことはできなくとも、涅槃という「悟りの世界」をいただくことはできます。

「悔しい」と恨みに気持ちをもって行きそうになったときは、「自分はなぜ苦しいのか」「相手はなぜ心変わりをするのか」と、人間の心について考えるのです。

私が嫁ぐとき、母が言った言葉は、「もしも、連れ合いが浮気をしても、嫉妬《しっと》する必要はない。嫉妬すれば、ますます自分が自分に苦しめられるだけや。一時的な病にかかっていると思えばよい。その間、自分が学びなさい」と、自らの経験を語ってくれました。

苦悩を経験して人ははじめて「真の幸福とは何か」を考えます。

そうすることで、はじめて、真の幸福に近づくことができるのです。

人を恨むのは簡単です。

でも、恨みに飲み込まれず、自分や人の心をただ見つめることができれば、その瞬間からあなたは深みのある哲学者になれるのです。

妙慶メモ

苦悩を経験して人ははじめて

「本当の幸せとは何か」の問いが生まれます。

その問いが機縁となり、幸せに近づくことができるのです。

4

努力してもうまくいかない人へ

高く跳べないときは
むしろ低い位置に構えて
物事を見るのだ

しかればすでに僧《そう》にあらず俗《ぞく》にあらず
このゆえに「禿《とく》」の字をもって姓《しょう》とす　『教行信証』

私たちは「努力してレベルアップすることが、素晴らしいことだ」と教えられます。しかし、すべての人が勝ち残れるわけではありません。

親鸞聖人は9歳で得度《とくど》（出家）し、最高学位が取得できる比叡山で、20年間、修行に励まれました。つまり「頂点を極める」ということです。

しかし、「どれほど頑張っても欲望はなくならず、その前にこの私が救われない」ということに悩まれました。そして29歳のとき比叡山を下り、法然上人のもとに訪ねていかれたのです。法然上人は「超越したすごい人間になるのではない。この私にも煩悩があることを自覚し、大地に足をつけて民衆と共に悩んでいけばいい。あとは阿弥陀さまがお救いくださる」という他力本願の教えを大切にされました。これが、親鸞聖人が法然上人のもとで得た価値観の大転換です。

ところが、頑張ることが善しとされた時代に、「愚かなまま弥陀に救われよ（あるがままでいい）」という思想を打ち出した二人は、世の中を混乱させたことで流罪となります。

越後の国へ流された親鸞聖人は、このことをきっかけに「しかればすでに僧にあらず俗にあらず」という自覚に立たれました。国家に保護されるような僧であることを放棄し、それでいて俗世間に流されて生きることもしないという、新たな自分を打ち出したのです。それ以来、「このゆえに『禿』（剃《てい》髪《はっ》の僧でなく、髷《まげ》の一般人でもない、ざんばら髪の未熟な念仏者）の字をもって姓とす」として、「愚禿《ぐとく》」と名告《なの》った親鸞聖人は、越後の「いなかのひとびと」と共に、地に足をつけて生きていかれたのです。

向上することだけを目指しているときは、気持ちも目線も上に向けられ、足元を見ることはできません。ジャンプする前はしっかりしゃがみ構えないと跳べないように、上手くいかないときは上ばかりを見てあせるのではなく、むしろ低い位置で物事を見ていきましょう。そうすればより高く、より確実に跳べるようになるのです。

妙慶メモ

上手くいかないときには
上ばかり見てあせらないこと。
大地に足を着けて、しっかり根をのばしましょう。

5

世間の価値観が気になる人へ

見栄を張らなければ迷うことはない

信心《しんじん》のさだまるとき、往生《おうじょう》またさだまるなり　『末燈鈔《まっとうしょう》』

母「勉強しなさい」。息子「勉強したらどうなるの?」。母「有名大学に入って、有名企業に就職できる」。息子「有名企業に入ったらどうなるの?」。母「金持ちになって幸せになる」。息子「でも法事のときお坊さんは、人間必ず死ぬって言ってた」。母「死んだら葬式に花輪がどっさり届けられるのよ」。息子「じゃあ僕は花輪をもらうために勉強するの?」。母「………」。

息子さんの「花輪のために勉強するの?」という言葉は、「人は何のために生きるのか」を考えさせてくれます。

「信心さだまるときに、往定またさだまる」とは、死に際が問題になるのではありません。そのままの姿をそのまま生き、死に際もすべておまかせするということです。

親鸞聖人のおっしゃる「信心」とは、「阿弥陀さまが『私が必ずおまえを救うからね』と願われた、その心を信じる」ということです。

人は「そのままの自分」を認めてもらえれば、見栄を張ることもありません。見栄を張らずに生きるのが「往生への道（もう迷わない）」だと親鸞聖人はおっしゃいます。

結び目のない糸で布を縫うと、最後には糸が抜け落ちて布がバラバラになるように、信心をもたずに拠《よ》り所のないまま生きると、いざというときあなた自身がスルスルほどけてしまいます。

そうして自分を見失うと、世間のマニュアルに頼りたくなりますが、そこにはあなたが求める幸せは書かれていないのです。

世間の価値観に惑わされず、信心をもって、ありのままの私を生きましょう。

妙慶メモ

心の糸に、しっかり結び目を。
進む方向ばかりに気を取られないで。
結び目という「信心」があれば
迷うことはありません。

6

見栄を張ってしまう人へ

自分の愚かさを受け入れたとき
本物が身に着きはじめる

愚禿《ぐとく》が心《しん》は、内《ない》は愚にして外《げ》は賢なり『愚禿鈔《ぐとくしょう》』

「あんなに賢い人が、なぜ詐欺に引っかかったの？」という話を聞いたことがないでしょうか。

詐欺には、むしろ知識のある人がひっかかるそうです。

なぜなら「○○さんほどの方が、このことを知らないわけはないですよね」と問いかけられると「知らない」とは言えず、見栄を張ってしまうからだそう。その虚栄心に詐欺師はまんまとつけこむのです。

さて、親鸞聖人は「自分は、内側に愚かさを持ちながら、外見は賢く振る舞って生きようとする人間だ」と気づき、「愚禿釈親鸞《ぐとくしゃくしんらん》」と名告《なの》りました。

「愚」という字は、大きな頭をしたサルを象形化した文字とされています。

サルは人の真似はできても正しい判断ができません。そのような状態を「愚」と表します。

サルが人間を真似れば真似るほど、「あれは人間ではなく、サルなのだ」という事実が際立つように、自分に無いものを持っているフリをすると、持っていない事実がかえって浮き彫りになります。

例えば、荒れた素肌を隠すために厚いお化粧をすると、かえって「あの人は肌の状態がよくないんだな」とバレてしまうというように。

格好をつければつけるほど、そうではない自分が滲《にじ》み出すもの。

人生の中でも、自分の内面にさまざまな問題を抱えながら、それを無視したり、自信のない自分を隠すのではなく、「これが今の私である」と受け入れて、そこから努力を積み重ねていくことが「本物」になる一番の近道なのです。

妙慶メモ

格好をつければつけるほど
愚かさが浮き彫りになります。
今の自分をありのまま受け入れて
与えられた事を積み重ねていきましょう。

7

失敗して落ち込んでいる人へ

「障害」だと避けていたことがあなたにとって「生涯」の宝になる

念仏者は、無碍《むげ》の一道なり『歎異抄』

兄が創作童話『その後の兎《うさぎ》と亀』を書いています（未発表）。

なぜ「その後」なのでしょうか。

父が亡くなったときに、兄はまだ10代でした。

住職にならなければならない重圧に耐え切れずに兄は引きこもりになりました。苦しみの中で、親鸞聖人の「念仏者は、無碍の一道なり」の言葉が心に響いたそうです。

無碍の「碍」とは、「障《さまたげ》」という意味です。それが「無」なのですから、「障が無い」ということになります。

残念ながら、障が無い、理想通りの人生はありません。どこかで私を邪魔する障害があるのです。

しかし、親鸞聖人は「阿弥陀さまを信じ、お念仏をいただく者は、さまたげだと思ったことが、さまたげではなくなる」と教えられます。

オリジナル版の『兎と亀』の亀の目的は勝つことではありませんでした。

甲羅という障害を引き受けて、コツコツと一つの道を信じて歩いた亀は、たまたま勝っただけなのです。阿弥陀さまを信じる者はどんなことに出遭っても、そこから逃げることなく、辛いことを踏み台にして生きることができるのです。

でも、人生はそこで終わりではありません。

何度勝負が終わっても、「その後」があるのです。

負けた兎も、負けた事実を引き受けて一《いち》からやり直したでしょう。勝つことが目的ではありません。私の人生を生きることが目的なのです。

つまずきは、いつかあなたを支えてくれる大地となります。

障害だと避けていたことが、あなたにとって生涯の宝になるのです。

妙慶メモ

負けたからといって
落ち込まなくてもいいのです。
辛いことを踏み台にすれば
充実した人生を歩めます。

8

悪口を言われて悔しい思いでいる人へ

悪口を言うあの人も
言われて苦しい私も
同じ煩悩を抱えた同朋なのだ

煩悩具足《ぼんのうぐそく》の凡夫《ぼんぶ》『歎異抄』

こんな会話が聞こえてきました。

「あら元気？」

「とても元気よ。でも○○会長の○○さんだけは元気すぎて困っているの。あの人が静かにしてくれたら会が静かになるのに」

さて、皆さんにも、こんなふうに誰かに悪口を言われていると知り、腹立たしくなった経験があるのではないでしょうか。

でも、怒る必要はありません。

悪口を言う人間は「私は煩悩を持った人間なのよ」とさらけ出しているだけだからです。

煩悩とは簡単に言えば「我執《がしゅう》」のこと。すべて自分中心にものごとを考え、人を切り捨てる心。ですから他人を悪く言いたいのも煩悩の一つです。

つまり、悪口を言う人は、親鸞聖人が自らをそう呼んだように、「煩悩具足の凡夫（煩悩が身に具《そな》わった、ただの人）」であると自己紹介しているだけなのです。

さて、苦しみはいつも外からやって来るように思えますが、実は私の「思い」から生まれるもの。

悪口を言われて苦しいのは、自分のなかに不安があるからです。

そして、悪口を言う人のなかにも、同じように不安があります。

どちらも煩悩具足の、同じ不安を抱えた人間です。

「悪口を言うあの人も、私と同じで不安なんだな」、そう思えれば、なんとなく相手に親しみを覚えませんか？

「すぐに不安を感じる私たちだからこそ、阿弥陀さまの教えをいただいて生きていくことしかできないのだ」と親鸞聖人はおっしゃいます。

それが、すべての人間を認めた親鸞聖人の心なのです。

妙慶メモ

悪口を言われても腹を立てる必要はありません。相手の土俵に乗るのではなく、少しの距離を置き自分が前進したらいいのです。

9

素直に謝れない人へ

自分から心を開き
歩み寄れる人が愛される

「汝《にょ》是《ぜ》凡《ぼん》夫《ぶ》心《しん》想《そう》羸《るい》劣《れつ》」と言《のたま》えり
すなわちこれ悪人《あくにん》往生《おうじょう》の機たることを彰《あらわ》すなり　『教行信証』

「汝是凡夫心想羸劣（貴女も心の弱い凡夫でしたね）」とは、人生に行き詰まって嘆き悲しむ一人の女性に、お釈迦さまがかけられた言葉です。

「心が弱い」とは、頭では善悪がわかっているつもりでも、そのときの縁（きっかけ）によって、とんでもないことをしてしまう人間のあり方のこと。

それに対して親鸞聖人は「すなわちこれ悪人往生の機たることを彰すなり」とおっしゃいました。「自分が心の弱いことを知れば、悪人も阿弥陀さまのお心を受け止め、往生するきっかけを得ることができる」という意味です。ここでいう「悪人」とは、煩悩にまみれた人間（凡夫）のことを指します。

ところで、悪人には「自識の悪人（自分は悪人だと思っている人）」「自覚の悪人（自分は悪人だと自覚し、善人になろうと努力する人）」「自傷の悪人（自分は悪人であったと本当に気づき、善人になろうと努めても果たせず心痛める人）」の3種類があります。

例えば、あなたはケンカをしたとき、「昨日はごめんね。迷惑かけたね」と自分から頭を下げることができますか？

この一言が言えれば、相手も「こちらこそ。私を理解しようとしてくれてありがとう」という気持ちになります。

こんなふうに、心から自分の行いを悔いて謝りたいと思い、自ら歩み寄ることができるのが「自傷の悪人」です。

自分の弱さを認め、相手に歩み寄れる人は、誰からも愛されるもの。

勇気を出して「ごめんなさい」とあなたから言ってみませんか？

妙慶メモ

謝る言葉は、春の日差しのように
凍りついた心を解かしますよ。
素直になれば、あなたのいる場所は
暖かい春の庭のように、心地よくなります。

10

毎日がおもしろくないという人へ

「人生一生、酒一升
あると思えばもう空か」
味わい尽くせば後悔はない

本願力《りき》にあいぬれば　むなしくすぐるひとぞなき
功徳《くどく》の宝海《ほうかい》みちみちて　煩悩《ぼんのう》の濁水《じょくすい》へだてなし『高僧和讃　天親菩薩《てんじんぼさつ》』

仕事を終えたあと、仲間と酒を酌み交わす時間は何よりも楽しいものです。調子にのって飲んでいると、ある友人僧侶が「まだあると思った酒も、いつかは底をつくな」と言うのを聞いたとき、人生も同じだなと感じたものです。

お酒も人生も、はじめれば後戻りできず、やがて終わりを迎えます。それなのに、私たちはあとから「ああなったらいいなあ」「こうだったらな」とできなかったことを振り返り、できもしないことに思いをめぐらせます。

欲望は死ぬまで尽きず、生きている間はさらなるものを望み、「あのときああしていれば、今以上のものが手に入ったのに」と後悔ばかりをつのらせるのです。

親鸞聖人が「本願力にあいぬれば　むなしくすぐるひとぞなき」とおっしゃるのは、『私がお前たちを必ず救うからね』という阿弥陀さまの願いを受け止めれば、どんな人も虚《むな》しく人生を過ごすことはない」という意味です。

私の幸せを願ってくれる方がいるというのは、生きていくうえでとても心強いですよね。

そんな方の存在に気がつけば、「功徳の宝海みちみちて　煩悩の濁水へだてなし（豊かな気持ちが満ちてきて、煩悩から他人を傷つけることもない）」というわけです。

毎日を幸せに生きるために必要なのは、「もっと」を望んで自分を苦しめることではなく、今あるものを味わい尽くすこと。

阿弥陀さまのお心に感謝して、お酒も人生も「もっと」ではなく「こんなにあるんだ」と理解して、とことん味わい尽くしましょう！

妙慶メモ

「もっといいことがないかな?」と、
味わい尽くすことなく次の欲望だけを追い求めると
中身もなく虚しいまま、人生の幕が下りますよ。

II

結婚が失敗だったと嘆いている人へ

完全な「はずれ」なんてない
必ず「あたり」を見出せる

善悪のふたつ総じてもって存知《ぞんじ》せざるなり『歎異抄』

私が尊敬するある先生は大学を退官と同時に、35年間の結婚生活に終止符を打ちました。そして、1年後には再婚。

お招きくださった新居は古めかしい山小屋でした。

高級マンションでワインを片手にお話しされる先生の姿しか見たことがなかった私は、意外な光景にびっくりしました。

先生は「今の妻とは、いざ一緒に暮らしてみるとお互いの感性が合わなくて、参ったよ。でも少しも後悔をしていない。今までの私は、いつも自分を基準にして生きていた。だけど今度はそうではなく、お互いの違いを楽しむことにしたんだ」と笑顔です。

「善悪のふたつ総じてもって存知せざるなり（どちらが善でどちらが悪と二つに分けられることではない）」という親鸞聖人によれば、善（成功）だけの結婚生活などありません。

また、悪（失敗）だけということもありません。

相手の選択にしても、「あちらの方が善き妻だった」と善悪をつければ、もう一方には失敗という評価がつくでしょう。

しかし「人間は一人一人違う」「それぞれに違った良さがあった」と気がついたとき、自分が選んだ相手の素晴らしさがわかり、これでよかったと思えるのです。

悪い面ばかりを見て嘆くのではなく、素敵なつれあいを見つけることができたことを喜びたいですね。

どんな相手とも、「私の眼（見方）」によって幸せになれますよ。

相手の悪を見つけて、いがみ合うより、互いに拝み合える関係を持ちたいですね。

妙慶メモ

その人を好きになった理由を思い出しませんか？
あなた好みの良いところがあったはず。
その好きな面を見て過ごせば
幸せだと思いませんか？

12

失言したことで悩んでいる人へ

無意識の積み重ねが今のあなたをつくり出す

「卯毛羊毛《うもうようもう》のさきにいるちりばかりもつくるつみの、宿業《しゅくごう》にあらずということなしとしるべし」と『歎異抄』

婚約中のカップルが大喧嘩《おおげんか》をしました。

彼女は、彼が母子家庭で育ったことを知りながら、「片親の子どもは教育が行き届いていない」と言ってしまったというのです。「後で謝ったのですが、彼は許してくれません。どうしたらわかってくれるのでしょうか」と、メールをいただきました。

言うべきことではないことをうっかり言ってしまった。これを「失言」というのでしょう。

親鸞聖人が「卯の毛、羊の毛」と例えられたのは、「塵《ちり》ほどのわずかな」という意味です。

言葉には、意識して用いる言葉と、無意識に出てしまうものがあります。うっかり出る言葉というのは無意識ですが、実はこの無意識の言葉にこそ、「本音」が表れます。

こうした本音の部分が少しずつ積み重なって、あなたの歴史（宿業）を決定します。

一つ一つは塵のようにわずかでも、無意識の積み重ねが、今のあなたをつくり出しているのです。

心のなかに相手を貶《おとし》める心があれば、どんなに表面を装っても、きっかけ次第で言葉や行動に表れるものです。

失言をしないためには、私も他者も「同じいのちをいただき生かされている」という所に立たないといけないのです。

発した言葉は消しゴムでは消えません。

言葉によって、相手の心を傷つけてしまったときには、そのことをしっかり詫《わ》びて、もう一度そこから関係をつくり直していくしかないのです。

妙慶メモ

失言は、いつも思っていることが
うっかり出てしまうこと。
私の心が言葉をつくることを忘れないで。

13

人が許せないという人へ

凍らせるのではない
温めることで
恨みはサラサラ流れ出す

さるべき業縁《ごうえん》のもよおせば、いかなるふるまいもすべし『歎異抄』

幼少のとき、あるお願いごとを阿弥陀さまにしました。

「あの人が許せない！　あちらから謝ってきますように」

しかし、その願いは叶《かな》いませんでした。

願いを叶えてくれなかった本堂の阿弥陀さまに「うそつき！」と叫んだものです。

その夜、山門の飾りの龍が夢に出てきて、「白い目を見るな。黒い目を見よ」と言って消えました。

親鸞聖人は「さるべき業縁のもよおせば、いかなるふるまいもすべし」とおっしゃいました。「私たちは縁というきっかけで、善い人にも悪い人にも変わる」という意味です。例えば、いつもは「阿弥陀さま、ありがとうございます」と感謝する私も、思い通りにならなければ、逆切れするというように。

黒目はカメラに例えるとレンズの役割で、白目は外枠です。私は白目で物事の外枠だけを見て、黒目で事実を見ることなく、「こうしてほしい」という自分の都合だけを阿弥陀さまにお願いしました。そのことを龍のメッセージが気づかせてくれたのです。

ところで、「あの人が許せない」と言っている私は、完璧なのでしょうか？

水はサラサラと流れるものですが、心に恨みがあると、氷のように固まります。固まれば、古いものは流れていかず、心も閉ざされます。そうなれば相手と仲直りするきっかけを永遠に失ってしまいます。

そうではなく、温かい心をもって、あなたの中の恨みという氷を解かしませんか？

恨みがサラサラと流れれば、新しい発見があるのではないでしょうか。あなたの温かい心に触れれば、相手の凍った心もサラサラと解け出しますよ。

妙慶メモ

「あの人が悪い」、本当にそう言えますか？
この私も縁次第で悪いことができるのです。
完璧な人なんていないのです。

14

辛いことばかりでヘコたれそうな人へ

つらいこともうれしいことも
すべてのことは「生きている」証《あか》し

遇《あ》いがたくして今遇《あ》うことを得たり
聞きがたくしてすでに聞くことを得たり
真宗の教行証《きょうぎょうしょう》を敬信《きょうしん》して、特《こと》に如来の恩徳の深きことを知りぬ
ここをもって、聞くところを慶《よろこ》び、獲《う》るところを嘆ずるなりと『教行信証』

「生きている実感がない」という方がいます。

努力の成果がうまく表れず、生きている充実感を味わえないのでしょう。

しかし、充実感ばかりが生きている証しなのでしょうか？

親鸞聖人は『教行信証』という書物を、生涯書き続けられました。

その本は、先人の言葉からの引用が圧倒的に多いのが特徴ですが、これは親鸞聖人が、「今の自分があるのは自力によるものではなく、先人たちの教えに出遇えたためだ」とお考えになったからです。

親鸞聖人は早くに両親を亡くし、悩み苦しみ抜いた中で、29歳のときに法然上人に出会います。

上人の教えに出遇えた感動を「やっと遇いがたいものに遇うことができ、聞きがたいものを聞くことができました。法然上人と出遇えたのも、インド・中国・日本の祖師がたの教え（真宗の教行証）があったからです。本当にうれしいことです」と述べておられます。上人の教えに出遇うまでは、辛いことの連続だったに違いありません。

しかし、人生が辛いのは「あきらめられない」ことの証しであり、くじけそうなのは「進もう」としている証しです。

生きづらさを感じることは「生きている」証しであり、こうした苦しみを知っているからこそ、求めるものに出遇えた充実感を存分に味わうことができるのです。

日々が苦しいからこそ、人はそこから逃れるために歩き続けます。

歩き続けるから、大切なものに出遇えるのだということを、いつも忘れずにいましょう。

妙慶メモ

道は、歩いてきた人がいたからつくられたのです。
自分で切り開く必要なんてない。
親鸞聖人も苦悩の中、
さまざまな出遇いに導かれ歩いてきました。
その道を安心して歩かせていただきましょう。

15

注目されたいと焦る人へ

開花時期は人それぞれ
やがて花咲く日のために
今はしっかり根を張るのだ

必至《ひっし》無《む》量《りょう》光《こう》明《みょう》土《ど》『正信偈』

あるタレントさんから、「どうしたら早く有名になれますか？」とメールをいただきました。

周りのタレントが脚光を浴びると、「私だってぱっと人生の花を咲かせたい」と焦る気持ちになります。

しかし有名になりたいと焦るのは、気持ちが高ぶり足は大地についていない状態です。

親鸞聖人は「無量光明土」とおっしゃいました。

これは「阿弥陀さまの極楽浄土」のことで、「量《はか》り知れない光り輝く大地」という意味です。

「極楽」というと、一般的には「天国」と思われるでしょう。「天」は「天にも昇る気持ち」とも表現するように楽しい世界にも感じますが、いつ落ちるかわからない不安定な世界でもあります。

ただ、親鸞聖人は「極楽」のあとに、わざわざ「浄土」とつけられました。ここが肝心なのです。

あなたが花を咲かせるためにまずすべきことは、天を夢見て焦る気持ちを抑えて、しっかり仏さまの大地（比べることのない世界）に足をつけること。

どんなに風が吹いても吹き飛ばされないよう、大地にしっかりと根を張ることなのです。

もし、たまたま時流に乗ってひと花咲かせることができたとしても、大地に張った根が貧弱であれば、ちょっとの風でたちまち吹き飛ばされてしまうことでしょう。

桜には桜、ひまわりにはひまわりの開花時期があります。

人と比べることなく、大地にしっかり足をつけて、私の花を咲かせる時期を待ちましょう。

妙慶メモ

「あの人みたいになりたい」

そこには私はありません。

今、この場所から堂々と生きる。

そこに輝きがあります。

16

他人を見下す人へ

人間にとって重い病気は私だけはまとも、という「驕《おご》り」

本願をうたがう、善悪の宿業《しゅくごう》をこころえざるなり『歎異抄』

ある男性からメールをいただきました。

「デザイン事務所の社長から『おまえはセンスがない』と言われました。私の父はデザイナーで、幼少のときから国内外で良いものを見せてもらい、芸大で勉強もしてきました。だからこそ、専門学校しか出ていない社長の言葉に説得力を感じません。それでも私に問題があるのでしょうか？」

さて、親鸞聖人が生きておられたころ、「本願誇《ぼこ》り」といい「私こそは長年、仏の教えを聞いているから、何をしても大丈夫」と仏さまの教えを自分に都合よく解釈して、つけあがる者が多くいました。

親鸞聖人は「信心があると見せかけ、教えを武器にして裏では悪業をはたらく者は、宿業の催《もよお》しであることを心得ていない」と悲しまれました。

「宿業」とは、悪い行いを積み重ねた結果、悪い報いが訪れることではありません。私の身の上に起こる事実を感じとり、生きるということです。

さて、「宿酔」と書いて「ふつかよい」と読みます。昨夜飲んだ酒が体内に宿り、翌日の体調を決定づけるように、これまで何を感じどう受け止めてきたかが体内に宿り、今の私をつくり上げています。

この方は長年デザインに携わり、良い感性を宿し続けてきたのでしょう。この際ですから、社長の感性も、自分の魅力にしてしまえばいいのです。

「自分のほうが理解している」と驕るのは、「本願誇り」と同じこと。謙虚になり、多くのことを吸収し、自分の経験、個性を生かしていきませんか。

妙慶メモ

この家庭で生まれたのも、この時代に生まれたのも、
私が選んだことではないのです。
すべていただいた「いのち」。

17

人の気持ちを疑ってしまう人へ

「疑い」があなたの耳を塞《ふさ》ぎ
大切な人とすれ違う

きくというは、本願をききてうたがうこころなきを「聞《もん》」というなり
『一念《いちねん》多念《たねん》文意《もんい》』

私の母は非常に厳しい人でした。

辛いときも優しい言葉をかけてはもらえず「この人、本当にお寺の娘？冷酷な人」とその親心を疑ったものです。

私が京都のお寺へ嫁ぐときに母から渡されたのは、祖母のボロボロの袈裟《けさ》だけでした。

ところが結婚式の前日、母は嫁ぎ先の義父、義母に向かって言いました。「私は娘に何もしてあげられなかった。しかし厳しさだけは与えました。それは、あの子がどんな人生も乗り越えられる人間になってほしいという願いからなのです。私の母は僧侶として寺を守り、私たち姉妹四人を育ててくれました。そんな母の袈裟をバトンとしてあの子に受け継いでほしいのです」と。

それまでの私は、母に「親としてこうしてほしい」という注文ばかりをつけていました。

期待通りの見返りがないと、その親心を疑ったのです。

親鸞聖人がおっしゃった「きくというは、本願をきてうたがうこころなきを『聞』というなり」というのは、「自分の思いを中心に、仏の教え（真理）を理解しようとしても、そこには『疑う心』がついてまわり、真理には出遇えない」という意味です。

相手の本当の心に出遇うためには、表面的な行いではなく、「心」に耳を傾ける必要があります。

仏の教えを聞くように、相手に深く頭を下げながら心を聞くのです。

人の心を疑い、すれ違ったまま人生を過ごすのは、寂しいことですね。

大切な相手ならなおさらです。「こういう人だ」と決めつけず、相手の心に頭を下げて真実の声に耳を傾けてみましょう。

妙慶メモ

相手を疑う心を持っていると
真理に出遇うことができません。
頭を下げながら、相手の声に耳を傾けましょう。

18

職場のコミュニケーションが苦手な人へ

商店街は一店舗のみの
一人勝ちはない
すべての店が潤った中に
人は集まる

とものの同朋《どうぼう》にもねんごろのこころのおわしましあわばこそ　『御消息集』

ある営業マンから「なぜ懇親会に出ないといけないのですか？　仕事だけの割り切った付き合いをしたいのに」と問われました。

私が「あなたの給料はどこからいただいているの？」と聞くと、「経理からです」と返事が。

周りが見えていない自己中心的な彼に「仕事は順調？」と聞くと、案の定「それが営業成績が悪くて」と返ってきました。

さて、親鸞聖人は「ねんごろ」という言葉を大切にされました。

「懇親会」の「懇」を「ねんごろ」といい、「根も絡みつくほどに」という意味があります。地上から見た木は一本ずつ独立していますが、大地の中では根がしっかりと絡み合っています。

昔から「ここはねんごろに」と言うのは、相手の人と根（心）を一つにしましょうということです。

仕事以外で時間を共有するというのは、大地の下で根を絡ませること。そのようにして、仕事の付き合いだけでは見えない、相手の考えや事情に気づかせていただくのです。

ご縁ある人々を大切にし、ていねいに接していく。そのことに自然と頭が下げられるようになったとき、いい仕事がいただけるようになるのですね。

ある有名な商店街の話です。ここは、いつもたくさんのお客さんで賑《にぎ》わっています。理由は、店主たちが自分の店の売り上げだけでなく、周りの店の売り上げも考えて、共に成長していこうと懇親を深めているからです。一つ一つの店が輝くことで、お客さんは集まるのです。会社組織も同じです。

営業の仕事は一人でこなせるものかもしれませんが、営業にうちこめるのは、商品を企画する人やつくる人、経理の処理をしてくれる人などが支えてくれているからです。

自分を支えてくれている人たちと、心を通わせることを忘れずに。

妙慶メモ

自分の周りが見えていますか？
自分を支えてくれている人に頭を下げるとき、
新たな道が開けてくるのです。

19

うまくいっている人に嫉妬してしまう人へ

人の幸せを喜べない人間に
誰かが幸せを
運んでくることはない

親鸞《しんらん》は弟子一人《いちにん》ももたずそうろう『歎異抄』

数年前、「親鸞聖人のことばと書道展」を企画しました。書道を習って10年になる友人に親鸞聖人のお言葉を書いていただき、そのお言葉の中身に私が法話で触れるという内容でした。

さっそく友人は師匠に報告をしたそうです。するとと師匠は「私と妙慶さんの展示会にしてください。あなたがここまで書けるようになったのは、私のおかげでしょう？　あなたが出展するのはまだ早いから」と認めなかったのです。

残念ながらこの企画は中止としました。

さて、親鸞聖人は「弟子は一人も持たない」とおっしゃいました。仏教を学んでいくうえでは、「先生」であろうが「弟子」であろうが、共に学び合っていく「友（同朋）」なのであって、上下関係はないという意味です。また、私一人の力で学べたことは、何一つない。阿弥陀さまの前では、ただの人間同士なのです。

もし、書道の師匠が自分の友人に作品出展のチャンスを与えてくださっていたら、友人も奮起したでしょう。

その作品を見た人は感動し、「あなたの先生はどなた？」と聞いたかもしれません。

そこから師匠には別の企画の声がかかる可能性もあったでしょう。

結局のところ、師匠は嫉妬《しっと》から私の友人のチャンスをつぶし、ご自分のチャンスをもつぶしてしまったのではないでしょうか。

阿弥陀さまの前では、私たちはともに励み合う仲間です。

仲間の幸せを喜べないなら、仲間があなたのもとへ幸せを運んでくれることもありません。

嫉妬心を出しても誰も得をしないということを、知っていただきたいものです。

妙慶メモ

嫉妬している自分の顔を見たことありますか？
すべての人を認めると私の心に余裕が生まれ
優しい顔になりますよ。

20

生き方に迷っている人へ

尊敬する人の姿が
いつだってあなたを導いてくれる

前《さき》に生まれん者《ひと》は後《のち》を導き、後《のち》に生まれん者《ひと》は前《さき》を訪《とぶら》え『教行信証』

33年前のことです。

住職だった私の実父が亡くなり、ご門徒もすべて去っていきました。

そのお寺を復活させるのは、容易ではありません。

「これから先、どうしたらいいのか?」と途方にくれる日々。

手探り状態で京都の大谷専修学院へ入学。親鸞聖人の教えに出遇ったのです。

そこでは、多くの悩みを抱える先生がたが、ご自分の体験を通して親鸞聖人の言葉を教えてくださいました。

親鸞聖人が数々の苦しみや挫折から立ち直ったのは、仏教のお言葉をいのちがけで伝えてくださった無数の先人たちに導かれたからです。

その感動を、親鸞聖人は中国の唐代の僧侶・道綽《どうしゃく》の『安楽集』を引用し、「前に生まれん者は後を導き、後に生まれん者は前を訪え」とおっしゃったのです。

「訪え」とは「親しんで学べ」ということです。

もしあなたが、生き方に迷ったら、両親や祖父母、上司や先輩を尋ねてみるのです。

彼らも困ったときには、先人の教えを支えとしたはずです。今度は同じようにしてあなたを導いてくれるでしょう。

逆に、あなたが子どもや部下に何を伝えていいかわからないなら、先人があなたにしてくれたことを思い出してください。

あなたが一つの道を信じて歩く姿に、子どもや部下はついてきます。

私も、亡き父に導かれ進むべき道をいただいたのだと、今になって気がつけました。

迷ったら、あなたの尊敬する先人の姿を思い出して。

彼らの後ろ姿が、あなたが進むべき道を教えてくださいますよ。

妙慶メモ

生き方に迷うときは
先人やまわりの人に学びましょう。
あなたが進むべき道を教えてくれるはずです。
その姿に、まわりはついてくるものです。

21

人生を占いで決めてしまう人へ

「明日こそ、いいことがありますように」
毎日繰り返す私に今はない

かなしきかなや道俗の良時吉日《きちにち》えらばしめ
天神地祇《てんじんじぎ》をあがめつつ卜占祭祀《ぼくせんさいし》つとめとす
『正像末和讃《しょうぞうまつわさん》』

結婚式の日取りは大安の日から予約が埋まります。しかし大安に結婚したのに離婚する人もいます。

葬儀は友引を避けようとする傾向があります。けれども、友引の日に葬儀をして参列者が全員亡くなるという話は聞いたことがありません。

子どもに名前を付けるときに文字の画数を気にしたり、吉凶にこだわったりする行為はすべて迷信ですが、人間というのは古くからの慣習に従うことで気持ちを落ち着かせたいのでしょう。

親鸞聖人は「道俗（道を究めようとする僧侶や、世俗の人々）も、良い時良い日に執《とら》われて、天の神や地の神を崇《あが》めつつ、占いや祈りごとに余念がありません。なんと悲しいことなのでしょう」とおっしゃいます。

占いを信じることとは、「嫌なことは避けたい。都合の悪いことや面倒は起こってほしくない」という、人間の弱さが浮き彫りになるということです。

占いを気にしすぎると、自分で物事を決めることができなくなります。他人に頼って判断を先送りにし、「明日こそは！」と言っているあなたの、大切な「今」は通り過ぎようとしているのです。

そもそも、意味のない迷信にあなたの判断を預けて失敗しても、誰も責任をとってくれません。

今を、あなたなりに精一杯生きる。それが充実した人生につながるのです。

妙慶メモ

たった一度の人生、
この私を引き受けて生きないともったいない。
占いで人生を決めてもらわなくても
自《おの》ずと決まってきますよ。

22

出世したい人へ

権力者に近づくより
社会に近づくことが本当の出世

如来《にょらい》所以《しょい》興《こう》出世《しゅっせ》　唯説《ゆいせつ》弥陀《みだ》本願海《ほんがんかい》『正信偈』

ある青年二人が「人の役に立ちたい」と、ある町の町おこし事業に参加しました。A青年は社会的弱者の気持ちに寄り添い、住民一人一人に働く意欲を持ってもらうため人育てをしていきたいと提案。しかし、B青年は地元の権力者のご機嫌を取る企画にあっさり乗りかえてしまったのです。気に入られたB青年は、その日からある地元の権力者の所有する高級マンションでリッチな生活。一方、A青年は町民の家で下宿しながら人々が本当に困っている問題と向き合い、少しの資金をいただきながら懸命に尽くしました。A青年の暮らしは決して楽ではありませんが、町の多くの人たちから信頼を寄せられているそうです。

権力を求めている人は権力者に弱く、お金を欲しいと思っている人は金持ちに弱いのです。人間は欲しいものには弱いもの。

そういう状態を親鸞聖人は「無明《むみょう》」とおっしゃいました。「大切なものが何なのか見えていない」ということです。

親鸞聖人がおっしゃる「如来所以興出世　唯説弥陀本願海」とは、「如来さま（ここではお釈迦さまを指します）がこの世に生まれたわけは、ひとえに阿弥陀さまの本願（仏法）を説くためでありました」ということです。

では、私がこの世に生まれたわけは？　私の仕事とは何なのか？

そう考えたときに、A青年のように、権力のある人になびくことなく、世間の価値観に流されず、社会に出て、しっかり現実に向き合える人こそ、この世で自分がすべきこと——つまり、「生まれてきたわけ」を知っている人ではないでしょうか。

自分の欲ではなく、人の心に寄り添える人こそ、大切なものが見えている人。優しい人こそ、真に世の中に求められる人だと、親鸞聖人はおっしゃっています。

妙慶メモ

権力のある人になびくことなく、
世間の価値観に流されず、
社会に出て、しっかり現実に向き合えば
あなたの道は開けていきますよ。

23

親を亡くして不安な人へ

亡き人の思い出があたたかいのは
あなたを思うあたたかい心が
この世に残っているからである

浄土にてかならずかならずまちまいらせそうろうべし　『末燈鈔』

先日、ある男性からメールをいただきました。

反抗期の息子さんは、荒れた生活を繰り返していたそうです。ある日、その息子さんがお内仏（仏壇）のお金に手をつけようと引き出しの中を探していて、赤い箱を見つけました。

中にはＤＶＤが。

何げなく再生してみると、見たこともない女性が自分の名前を呼び、「お母さんはね。あなたを妊娠したときに、いのちの保証はできないと宣告されたの。でもあなたが生まれてくれるのをずっと待っていたのよ。お母さんはあなたとは会えないかもしれないけれど、どうか皆と助け合って大切な人生を歩んでほしい。お母さんはお浄土であなたに会えることを楽しみにしていますよ」と言っています。

息子さんはそれを見て号泣したそうです。

今まで寂しさを紛らわすために本能だけで生きてきた彼ですが、こうして親に願われて自分が存在していることを知ったとき、すべてに感謝できる心が生まれたそうです。

浄土で待っていてくれる人がいる。

それを知るだけで、自分の人生を安心して生きていけるのですね。

死んでこの世からいなくなっても、息子を思う母のあたたかな心まで消えてなくなるわけではありません。なぜ安心できたのでしょう。それは、「母が浄土で待っている」とはっきり言ったからです。そのことに気づけたから、息子さんは安心できたのでしょう。

亡くなった大切な人を思い浮かべたときに、心に満ちてくる安堵感を忘れないでください。

そんな安堵感で、人は故人と永遠につながることができるのですから。

妙慶メモ

「おかえりなさい」
この言葉にほっとするのは、
あなたを待ってくれる場所があるから。
それが「浄土」なのです。

24

結果を出せるか心配な人へ

全力を尽くすのだ
その先に開ける道に
あなたの生きる道がある

自然《じねん》というは、自《じ》はおのずからという。行者《ぎょうじゃ》のはからいにあらず、然《ねん》というは、しからしむということばなり

『自然法爾章《じねんほうにしょう》』

「人事を尽くして天命を待つ」という言葉をよくお聞きになるのではないでしょうか。「結果がどうであれ、最善を尽くすことが大切なんだ」という意味です。しかし、「最善を尽くしたのに、自分にとって悪い結果」で終わったらどうなるのでしょうか。

今度は落胆しますよね。

こんなふうに、結果が気になり、不安で仕方がなくなるのが、人間というものです。

ところが、真宗大谷派の僧侶の清沢満之《きよざわまんし》先生は「天命に安んじて人事を尽くす」とおっしゃいました。

「不安を常にかかえているのが人間だということに気づき、そんな自分を導いてくださる阿弥陀さまにまかせ、あとは最善を尽くしましょう」ということです。

親鸞聖人も、「あなたが気にしても気にしなくても、自然とある結果に導かれていくよ」とおっしゃっています。

「行者のはからい（修行者の分別）」という自分の思慮分別……つまり、よけいな心配は必要ないということです。

小説家になりたいなら、ひたすら書くしかありません。

歌手になりたいなら、歌い続けるしかありません。

結果を気にする時間があれば、その間に今できることをやり続けるしかないのです。

夢が叶《かな》っても叶わなくても、全力を尽くしたのであれば、その先に現れた道が、あなたが本来歩むべき道なのです。

妙慶メモ

結果は結果のまま見たらよい。
大丈夫、心配しなさんな。
何とかなる、何とかなっていきますよ。

25

なかなか芽が出ないという人へ

あなたを押し上げるのは
「仲間を助けたい！」と願う
優しい気持ちである

大乗《だいじょう》のなかの至極《しごく》なり『末燈鈔』

もともと関西でアナウンサーの仕事をしていた私は、これまで多くのタレントさんを見てきました。

なかなか芽が出ない人は、現場に到着すると、ディレクターに「今日のおもしろいところをあらかじめ教えてください」と小さな声で聞きます。

一方、伸びていくタレントさんは現場で、自分でおもしろそうなことを見つけます。

つまりあらかじめ用意されたことを伝えるのではなく、自分が感じたことをアドリブで伝える力を持っているのです。

また一人だけが目立とうとするのではなく、出演者とともにおもしろい発見を伝えようと張り切ります。

だから番組は盛り上がり、そのタレントさんは多くの番組に呼ばれるようになるのでしょう。

さて、仏教には「大乗」という教えの言葉があります。

「大乗」とは文字通り「大きな乗り物」という意味です。

大きな乗り物には誰でも乗せることができます。

これは、阿弥陀さまの本願で、世の中のすべての人を救いたい、すべての人を乗せて極楽浄土へいける大きな船のようでありたいという、「いつでも」「どこでも」「誰でも」救われるという意味です。

取り残されて救われない人のいる不満のくすぶる場所では、すべての人が心から楽しむことはできません。

自分ひとりが目立とうと頑張るのではなく、周囲の人を盛り立てていきましょう。

「仲間を助けたい」「一緒に楽しみたい」という優しい気持ちが、いつかあなた自身を日の当たる場所へ送り出すのですから。

妙慶メモ

自分だけが目立とうとしていませんか？
まわりの人は仲間なのです。
全体のバランス（調和）を気にかける姿に
仕事は寄ってきます。

26

今の仕事にやりがいを感じない人へ

仕事はご縁がもたらしたもの
すべてのご縁を慶《よろこ》べ

遠く宿縁《しゅくえん》を慶《よろこ》べ　『教行信証』

先日、ある女性からお手紙をいただきました。

「私は医師を目指し勉強してきました。しかし、母から『先祖代々受け継ぐ茶道具を守ってほしい』と懇願され、仕方なく茶道講師になりました。

ある日、お茶を立ててさしあげた庭師さんに、『こうしてお茶をいただいて、ひと息つかせていただくとともに、言葉にできない空間をいただいています。それが庭づくりに役立つんです。私はあなたに救われています』と言われました。その言葉をいただいて、私は涙があふれて仕方がありませんでした」。

彼女は親の仕事を受け継ぐことを、どれほど平凡でおもしろくないと思ったことか。

しかし「茶道具を通じて、先代から受け継ぐ喜びをやっといただけたのです」とのこと。

親鸞聖人がおっしゃった「遠く宿縁を慶べ」とは、「真実の教えに出遇うことができたのは、多くのご縁によるものであり、そのご縁を慶びとしなさい」という意味です。

彼女にとって、茶道は自分で選んだ道ではありませんでした。

けれども、茶道というご縁をいただいた結果、人様に喜んでいただくことができたのです。

それは茶道の歴史を受け継いだ先人がいたからこそ。

そして、その先人と自分を結ぶご縁があったからこそです。

あなたが現在就《つ》いている仕事は、ご縁によってもたらされた尊いもの。

そのことを理解し、今の仕事に就いた意味を、もう一度問い直してみませんか。

妙慶メモ

面倒な仕事の依頼も無下に断らず
これもご縁と捉えてみましょう。
いざ受けてみると、それが次につながり
理想の仕事に近づくことだってあるのです。

27

怒りがおさまらない人へ

他人の炎（存在）を
吹き消しにいくのではない
そんなことに労力を使わず
私の炎を灯《とも》したらいい

悲しきかな、愚禿鸞《ぐとくらん》、愛欲の広海に沈没《ちんもつ》し、名利《みょうり》の太山《たいせん》に迷惑《めいわく》して『教行信証』

先日、アナウンサーの友人から「視聴者から『ニュースを読む態度がなってない。ほかのアナウンサーに代えろ！』とクレームを受けました。悔しくて腹が立って、怒りがどうにもなりません。私なりに一生懸命しているのに」と相談を受けました。

一方的に批判を浴び、胸が張り裂ける思いでしょう。

相手は怒りの炎を出し、その炎を受けてこちらも怒りの炎を燃やします。

親鸞聖人は「悲しいことに、この愚かな親鸞は、愛欲の広い海に沈み」と、強烈な表現で自分を恥じています。

これは単なる自己反省ではありません。

阿弥陀さまの光に包まれゆったりと生きていくと宣言した身であるのに、それに任せきれず自分の煩悩に流されていることにうな垂《だ》れたのです。

愛欲とは、「あいつのせいで人生が台無しになった」「あいつが悪い」という怒りの煩悩が満ち溢《あふ》れている状態のことです。

相手の怒りを流したらいいのに、流せない。
自分でつくり出した欲望の広海に、自ら溺《おぼ》れているのです。
そんなときは、相手の怒りの炎を吹き消そうとする必要はありません。
自分でコントロールしようと思うから、さらに自分の怒りが炎上するのです。
自分の心には怒りの炎ではなく、謙虚で柔らかな火を灯しましょう。
心を込めて人と接する中で、必ずわかる人にはわかってもらえます。

妙慶メモ

「怒る」ということは
期待が思い通りにならなかったから。
怒りの炎は自分を見失っている証拠。
相手に向かっていくのではなく、
あなたの謙虚で柔らかな火を灯しましょう。

28

自分の顔に自信がない人へ

本当に美しい人とは
姿に香りが漂う人である

染香人《ぜんこうにん》のその身には　香気《こうけ》あるがごとくなり
これをすなわちなづけてぞ　香光荘厳《こうこうしょうごん》ともうすなる

『浄土和讃』

先日ある女性が、手鏡の端に有名人の写真を貼り付けて、それを見本にメイクをしていました。

「一人一人まったく個性が違うのに、無理していないかな？」と感じたものです。

外見にまつわるコンプレックスは、たいていの人が持ちあわせているものですから、自分の顔を好きになれない気持ちはわからないでもありません。

しかし、人間の魅力って顔だけではないのですよ。

確かに外見が美しい人は、一瞬で人を引きつけます。

しかしお話をしてガッカリということもあるのです。

さて、私は歩いていると、「お香のいい匂いがしますね」とよく言われます。それは、毎日焚《た》くお香が衣服に染み込んでいるからです。

香りに染められたものは、香気を放つようになります。

同じように、阿弥陀さまのお心に頭を下げて手を合わせる人には、知らず知らずのうちに謙虚な気持ちが染み込んで、すべてに「ありがとう」と感謝できるようになります。

すると謙虚さがあたたかな人間味となって、まるで豊かな香りのように、周囲へ広がっていくのです。

外見の華やかさが人を魅了するのは一瞬です。けれども、内面から溢《あふ》れ出るあたたかな人間味という香気は、長く人々を魅了します。本当に魅力ある人とは、すべてに感謝できる謙虚な人のことをいうのです。

妙慶メモ

何度もつきあいを重ねれば
煙たい人か、香る人かすぐわかるものです。
大切なのは、私という中身。

29

自分が偉いと思っている人へ

私たちは、阿弥陀さまの手のひらの上の小さな存在なのだ

自力《じりき》というは、わがみをたのみ、わがこころをたのむ、わがちからをはげみ、わがさまざまの善根《ぜんごん》をたのむひとなり　『一念多念文意』

小説『西遊記』には、暴れ者の孫悟空が登場します。

仙術を使えるのをいいことに、「俺様は觔斗雲《きんとうん》に乗れば一飛び！」と傲慢な態度でいたずらを繰り返します。

ある日、お釈迦さまは悟空に「私の手のひらから出ることができたらお前の勝ち、出られなければ下界で修行をし直しなさい」とおっしゃいます。

悟空は觔斗雲で一飛び。

5本の柱のそびえ立つ所へたどり着きます。ここが世界の果てだと思い、白い柱にサインをして、お釈迦さまの手のひらから出た証拠を残し引き返すのです。

「俺様の勝ちだ」と言う悟空に、お釈迦さまは笑いながら自分の手の指を見せました。

そこには、悟空のサインが。

唖然《あぜん》とする悟空に、お釈迦さまはおっしゃいます。

「お前は自分が何でもできると思っているようだが、私の手のひらから出ることさえできなかったではないか」

親鸞聖人は「自分の力だけをあてにして生きるものではない。努力できるのも、多くのご縁に支えられているからこそ」と教えてくださいます。

ここでは仏教説話として「お釈迦さま」が登場しますが、私たちを大いなる慈悲で包んでくださるのは、阿弥陀さま（南無阿弥陀仏）というよりどころです。

私たちはどれだけがんばっても、阿弥陀さまの手のひらの上の小さな存在です。

同時に、「阿弥陀さまの手のひらから、決して落とさないよ」という、広大なる慈悲のお心なのです。すべてを喜び、謙虚に生きましょう。

※お釈迦さまは、約2500年前に実在し、人々に仏法を説かれた人物。
阿弥陀さまは歴史上の人物ではなく、すべての人を救うという教えが、姿になった法身です。

妙慶メモ

偉い人と、偉そうにしている人とは違います。
偉く見せても、阿弥陀さまはお見通しです。

30

偏見に苦しんでいる人へ

海は、すべての川の水を迎え入れる
きれいな水はきれいなまま
泥水は泥水のまま
海の中ではすべてが一つの味になる

尽十方《じんじっぽう》無《む》碍光《げこう》の　大悲大願《だいがん》の海水《かいすい》に
煩悩《ぼんのう》の衆流《しゅりゅう》帰《き》しぬれば　智慧《ちえ》のうしおに一味《いちみ》なり　『高僧和讃』

ある日、こんなメールをいただきました。

「なぜ私は、(偏見や差別で) いじめられるのですか?」

悲痛な叫びを訴える少女の言葉は私の胸を刺します。

彼女が何をしたというのでしょう。同じ地球に生まれた尊いいのちなのに。

親鸞聖人は「海」という言葉を著作の中で非常に多く使われ、主著『教行信証』にはなんと70回以上も出てきます。

海というのは、すべての川の水を迎え入れます。

きれいな水はきれいなまま。泥水は泥水のまま。どんな水でも同じように海に流れ込みます。流れ込んだら、すべての川の水は、海の中で一つの味(一味)となっていくのです。

阿弥陀さまの心の海は、どんな種類の川の水も等しく受け止めてくださいます。

「海」という漢字には「母」という字が含まれていますね。

恵まれていようとも、差別を受けていようとも、母なる阿弥陀さまの慈悲はすべて等しいのです。

ジョン・レノンは「想像してごらん、国なんて無いんだ」(「イマジン」)と歌いました。

ある宇宙飛行士さんは「宇宙から見た地球には国境がない」と言いました。

母なる阿弥陀さまの前では、すべてがひとつで、すべてが等しくあります。

煩悩を抱えた人間が、人間をなぜ評価できるのでしょうか。

あなたはかけがえがなく、また、他の方々と同等の存在です。

偏見はなくならない世の中ですが、あなたを母のように慈しんでくれる存在があることを知り、安心して生きていきましょう。

妙慶メモ

相手の煩悩の波に流されても
あなたは、阿弥陀さまの懐《ふところ》に包まれています。
あなたが大切だからと。

31

配偶者と同じ墓へ入りたくないと嘆く人へ

私の身体《からだ》は「あるがまま《真実》」を生きている
行き詰まるのは私の「思い」だけ

願土《がんど》にいたればすみやかに　無上涅槃《ねはん》を証《しょう》してぞ
すなわち大悲をおこすなり　これを回向《えこう》となづけたり　『高僧和讃』

結婚したものの、「私をいじめた姑《しゅうとめ》と、夫（または妻）と同じ墓には入りたくない」と嘆く方が増えています。

単なる感情の問題で終えられないのが「お墓」のこと。

この世に好きな人ばかりだといいのですが、そうではありません。しかし、その感情は、死後も引きずるべきものなのでしょうか。

親鸞聖人は「涅槃」というお言葉を何度も使っておられます。涅槃とは、煩悩の炎が吹き消され、一切の悩みから解放された穏やかな境地のことです。

ですが、三毒の「貪欲《とんよく》」「瞋恚《しんに》（怒り）」「愚痴」といった煩悩は、死ぬまで無くなることはありません。

絶えることがない煩悩をこの身いっぱいにかかえたこの私を、阿弥陀さまは見抜いておられ、大悲のお心で救わずにおれないと私たちを包んでくださり、死後はお浄土に生まれさせてくださるのです。

このことを「往生」といいます。

生きていると納得のいかないこともあります。怒りも腹立ちもなくならないこの世を生きています。

お浄土という世界は、親しかった人とも、憎しみあった人とも、もう一度出遇えるのです。「冗談ではない。あの憎い人とは会いたくない」と言われるかもしれません。しかし、私たちは亡くなれば仏にならせていただくのです。人間の感情を超えた世界へ行かせていただくのです。

「あの人と一緒のお墓に入りたくない」というのは人間のつまらないこだわりです。亡くなった後のことは心配しなくてもいいのです。

私の身体は自然の理の中に生まれ、あるがまま（真実）を生きているのです。それなのに「こうしたい」「ああでないとダメ」と「思い通り」に生きようとするから行き詰まるのです。ありのままにおまかせしましょう。

妙慶メモ

私の思いで、亡くなった後まで変えられません。
今も、死んだ後もおまかせ、
私たちの力の及ばぬことです。
憎しみの炎は浄土で消されますから安心を。

32

心に余裕のもてない人へ

分かち合うものが人々を引きつける

世《よ》のなか安穏《あんのん》なれ、仏法《ぶっぽう》ひろまれ『御消息集』

一般的な成功している人のイメージは「勝気な人」です。競争社会で生き残るために、人を蹴落としてまで昇りつめようとします。そんな形で成功した人の中には最期の言葉が「友だちが一人もできなかった」だったという方も少なくないそうです。その方の表情はきっと寂しいものでしょう。

話は変わりますが、業績が伸びない会社に見学に行くと、大抵は「企業秘密ですから」と門前払いを食わされます。

しかし、伸びる会社は「どうぞ見学して行ってください！　一緒にいいものをつくりましょう」と笑顔で迎えてくれます。

そうできるのは、自分たちの仕事に喜びと誇りをもっているからでしょう。だから見学者を、ライバルではなく、同じ仕事を愛する仲間と見たのです。いい商品をお互いに売っていこう。そんな気持ちで本物を追求するからこそ、心に余裕がもてるのですね。その余裕に仲間も増えて、仕事の成績も上がっていくのです。

あなたは誇りをもって愛せる何かをもっていますか？　その何かを分かち合う喜びを知っていますか？

さて、親鸞聖人が「世のなか安穏なれ、仏法ひろまれ」とおっしゃったのは、「私だけが素晴らしい話ができる徳のある僧侶だ」と自負して、皆に教えをたれようとしたからではありません。

むしろ「この私も皆と共に救われる一人の存在なんだ」という、自らもただの人だという視点からの言葉です。

そうした親しみやすいお人柄と仏法を中心に生きる姿に、人々は今も魅了され続けているのではないでしょうか。

心に余裕をもって愛するものについて楽しげに語る姿に、人々は無条件に引きつけられるのです。

妙慶メモ

自分ひとりの成功はありません。
安穏なれと願い
何かのために積み重ねた功徳が成就した。
これが成功なのです。

33

傲慢になっている人へ

批判の声は、仏の声

是非《ぜひ》しらず邪正《じゃしょう》もわかぬ　このみなり
小慈小悲もなけれども　名利《みょうり》に人師《にんし》をこのむなり　『正像末和讃』

親鸞聖人は「何が是（正しいこと）であり非（間違い）であるのかわからず、何が邪（悪）であり正（善）であるのかを本当に理解することができない私です。また、人を哀れみ悲しむ心も持ち合わせていない私ですが、それでも名利（功名）心にとらわれて、人の師となることを好んでいるのです」とおっしゃいました。

人々に念仏の教えを伝えた親鸞聖人には、たくさんの門弟が誕生しました。

人々から師として仰がれる存在となったとき、名利心にとらわれる自分自身のあり方を自覚されたのでしょう。

親鸞聖人はそのような自分自身の姿を見つめ、批判し、悲しんでいるのです。

そして、人の上に立って指導してやろうという立場ではなく、あらゆる人々と共に阿弥陀さまに向かって手を合わせて生きるという、素直な自分自身に立ち戻ろうとしているのです。

もしあなたが「調子に乗るな」と批判されたとしたら、それはあなたが人から評価されることを誇りに思い、傲慢になっていたということかもしれません。

阿弥陀さまの前では、社会的な地位がある人もない人も、年長者も年少者も、みな平等です。

誰かに批判されたら、そのことに腹を立てるのではなく、「これは阿弥陀さまが、増長している自分に『素直になりなさい』と声をかけてくださっているのだ」と受け止めましょう。

批判の声は、仏さまの声です。

感謝して、もう一度原点に戻りませんか。

妙慶メモ

とにかく頭を下げましょう。
その視野から見ると、
底辺で支えてくださる人が見えてきます。

34

ネットで批判を受け、怒りがおさまらない人へ

怒りは、あなたの目を曇らせ迷わせる

貪愛《とんない》瞋憎《しんぞう》之《し》雲霧《うんむ》『正信偈』

ネットいじめが原因で心の病になったり、自死したという報道が流れる度に、胸が痛くなります。

普段おとなしくしている人が、ネットを通じて、醜い言葉で相手を罵《ののし》ることも多いようです。

便利なネットですが、使い方を間違うと、見えない所で人間を誹謗《ひぼう》中傷する武器にもなります。

ただ、誹謗中傷されて、仕返しを考えている方がおられたら、ちょっと待ってください。

親鸞聖人は、「貪愛瞋憎之雲霧」とおっしゃいました。

「貪愛」とは底知れぬ欲望のこと、「瞋憎」は怒り憎しむ心のことです。

これらが雲や霧のように湧き上がり、本当のことが隠れて見えなくなっている状態です。

「こんな目にあったのは、あの人のせいだ」と他人や世の中を怨《うら》むことしかできないのは、親鸞聖人がおっしゃったように、欲望や怒りで、本当のことが見えなくなっている状態なのです。

確かに、いわれのないことで誹謗中傷されるのは、とても辛いでしょう。仕返ししたい気持ちはわかります。

しかし、自分がされたことだけに腹を立てるのではなく、真実はネットでは伝わらないということも学ばせていただきましょう。

怒りは、あなたの目を曇らせ迷わせるものなのです。

相手の怒りの土俵に乗らないことです。

そんなときは、あなたが大人になって距離をおきませんか。

いずれ静まっていくのでしょう。時間は心の名医なのです。

妙慶メモ

どんな正当な理由があっても感情をぶつけたら
そのまま返ってくることを忘れずに。
嫌なことがあったら、パソコンや携帯電話を切って
心休まる場所へ行きましょう！

35

鬱になり辛いという人へ

向かい風は転じれば追い風になる

円融《えんゆう》至徳の嘉号《かごう》は、悪を転じて徳を成《な》す正智《しょうち》『教行信証』

憂鬱《ゆううつ》な気分に陥っているときは本当に辛いものですね。

「鬱」の文字は「鬱蒼《うっそう》と茂る」というように、木が群がり茂って盛んなありさまを表しています。

盛んなものでふさがれて、ものごとがとどこおっている状態が「鬱」です。

すると周りが何も見えず、これからどうやって生きていったらいいのかわからなくなるのです。

人生でいえば「もう私は限界だ」とあえいでいる状態ですね。

そんなときはどうしたらいいのでしょうか。

簡単なことです。方向転換をしたらいいのです。

視線を転じれば、見える景色は変わります。

「こんなところにもう一つの道があったな」ということがわかってくるのです。転じれば活路が見出されます。

親鸞聖人が「円融至徳の嘉号は、悪を転じて徳を成す正智」とおっしゃった「悪」とは、「煩悩（欲望）」のことです。

多くの悩みを経験して、はじめて自分の誤った欲望（悪）に気づくきっかけが与えられ、阿弥陀さま（円融至徳の嘉号）のお導きで方向転換させていただけるのだと、親鸞聖人はおっしゃいます。

「もう限界だ」と悩んでいるなら、方向転換をしてみませんか。

向かい風がきついと感じるときも、少し進行方向を変えてみましょう。すると、あなたが進むのを拒んでいた世間の逆風が、今度は背中を押してくれるかもしれません。

そこに阿弥陀さまの智恵をいただけるのです。

妙慶メモ

どん底という地獄はない。
自分で勝手に地獄をつくっているだけ。
成功しようが失敗しようが
皆、同じ大地と空に包まれているのです。
ゆったりと生きましょう。

36

感謝できないという人へ

「ありがとう」の反対語は「当たり前」
当たり前によろこびはない

三塗《さんず》の黒闇《こくあん》ひらくなり　『浄土和讃』

ある少年に「おはようございます」と声をかけると、「おはよう」と少し偉そうに返事をされました。

そのとき私は「こちらは敬語で挨拶したのに、なんという生意気な子どもだろう」とムッとしてしまいました。

しかし、その後、そんな自分自身にドキッとしたのです。

親鸞聖人がおっしゃった「三塗」とは、人が輪廻転生《りんねてんしょう》する六道（六つの迷いのある世界）のうちの三つで「地獄」「餓鬼」「畜生」の三悪道を指します（六道の残りは「天」「人間」「修羅」）。

「地獄」は火に焼かれるような苦しみの世界。

「餓鬼」は自分勝手な欲望を押し付けあい刀で迫害しあう世界。

「畜生」は互いに食べあう世界のことです。

さて、ノーベル平和賞を受賞したマザー・テレサさん（故人）が来日した折、日本の印象をこう述べました。

「日本ほど物質的にも環境的にも、あらゆる面で恵まれた豊かな国はありませんでした。しかし、その日本に住む人たちは、私が訪れたどの国の民族よりも、その表情に貧しさと暗さを感じました」と。

なぜ彼女の目に、私たちは「貧しくて暗い」と映ったのでしょう。

それは、今持っているものが当たり前だと思い感謝できる心がないからではないでしょうか。

現状に満足できないから、「足りない」「つまらない」と飢えた暗い表情になるのでしょう。これは、自分の欲求ばかりを押し付け続ける餓鬼の世界のあり方と同じです。

「おはよう」と偉そうな子どもに腹を立てた私も、彼が挨拶を返してくれただけでは満足できず、それ以上を望んだ貧しい人間でした。

彼は、私に「餓鬼の心という黒闇（心の闇）」を教えてくれたガキ大将だったのですね。

妙慶メモ

満足できないという怒りが
「かんしゃく」玉をつくります。
「く」だけでも捨てましょう。
「かんしゃ」しか残らないから。

37

どうしても人と合わせられない人へ

人は見下すものではない
その違いから学ぶものである

恥《は》ずべし、傷《いた》むべし　『教行信証』

「私は友達がいません。結婚する気もありません」

そう豪語する男性に、私は「どうしてそう言い切れるの？」と聞きました。

すると「皆とは合わないのです。だから、自分ひとりで生きていきます」と彼。

ところで、自分と「合う人」ってどういう人でしょうか。

それは、右と言えば右、左と言えば左というふうに「自分の都合に何でも合わせてくれる人」のことでしょう。

しかし、私たちは一人一人違った感覚や考えを持って生きています。違うからこそ個性なのです。

親鸞聖人が「恥ずべし、傷むべし」とおっしゃったのは、「『あの人はこんな考えだからダメなんだ』と自分以外の人間を見下す心」についてなげかけられた言葉なのです。

どんなにわかり合えない人がいても、頭ごなしに「合わない」と嫌うのではなく、自分には理解できない行動をとる人の心を類推し、同時に自分の行動をも省みませんか。

他者に合わせるのでも、合わせてもらうのでもありません。お互いの個性に刺激され、そこから多くを学ぶのです。

友達っていいですよ！

妙慶メモ

この人は、私と趣味が合わないと
友人関係をはじめからあきらめず
自分にないものを持っているこの人は刺激的な存在！
と発想を切り替えてみませんか？

38

最愛の人を亡くした人へ

悲しいときはとことん泣けばいい
その悲しみの一滴が光ってくるから

一人居て喜ばは　二人と思うべし
二人寄《より》て（居て）喜ばは　三人と思うべし
その一人は親鸞なり　『御臨末の御書』

（参考文献『親鸞聖人行実』東本願寺出版より）

私が高校生のとき、住職をしていた父が亡くなりました。そのころお寺の経済状態は悪化していて、本堂もボロボロでいつ壊れてもおかしくない状態でした。

これから先、誰がお寺を支えていくのか……。

あまりにも突然のことで途方にくれ、本堂で泣くことしかできませんでした。

真っ黒になった畳に私の涙が流れ、汚れを洗い流してしまうほど泣いたものです。

ふと顔を上げると、親鸞聖人のある言葉が、壁に貼り付けてあることに気づきました。

そこには「一人のときは二人、二人のときは三人と思ってください。うれしいときも悲しいときも、決してあなたは一人ではありません。いつもそばにこの親鸞がいますよ」という内容のことが書かれています。

不思議と「もう寂しくない!」と思いました。そして、父の残してくれたこのお寺を相続していこうと誓ったのです。

父の死にまつわる悲しみは「父が消滅してしまった」というものでした。けれども父が居なくなっても、父がここでお参りをしていたという事実は消えないのです。

とことん泣いたことによって、畳の汚れが涙できれいにふき取られたように、その涙の一滴が光り輝き、喜びに変わりました。

親鸞聖人が一緒にいてくれるなら、父も一緒にいてくれるでしょう。

亡くなった方の思いを感じるとき、その方は確かに私たちのそばにいるのです。

妙慶メモ

姿かたちは見えなくても
その人がいた記憶は温かく心に残ります。
身体《からだ》のぬくもりは感じなくても
その人を思うとき、一人ではないのですね。

39

どう子育てしてよいかわからない人へ

視線をあげて
子どもに眼差《まなざ》しを注ぐ
それだけでいい

牛羊眼易迷《ごようげんいめい》『尊号真像銘文《そんごうしんぞうめいもん》』

今、子どもへの虐待が社会問題になっています。

自分の生活さえままならないのに、子育てまでしなくてはならない。

そのことがストレスになり、ついわが子に手を上げてしまう。

また念願の子どもに恵まれたものの、どう育てたらいいのかわからない。

近くに教えてくれる人もいなくて、ただ悩む。

できちゃった結婚をした人が心の準備もないまま出産。そんな人が増えているといいます。

育て方がわからないのは、親である自分が「愛情」をいただけずに育った影響もあると思います。

愛情を感じることがなかったので、それをどう相手に向けていいのかわからないのです。

愛情とはどういうことでしょうか？

それは「眼差し」を向けるということです。

さて、牛や羊は自分の鼻先しか見えないのだそうです。そのようなものの見方をするから迷いやすいのだ、と親鸞聖人はおっしゃいます。

牛や馬のように、与えられているもののほとんどを見落としながら生きている姿は、毎日の生活に追われ、目先のことに振り回されている未熟な親の姿のようにも見えます。

目先のことしか見えないので、子どもに眼差しを向けることさえできません。

けれど、あなたの眼差しで子どもはどれほど安心するか。

「木」の上に「立」って「見」るのが「親」です。視線を高く上げて、鼻先よりももっと先にいる子どもをしっかり見つめることさえできれば、親として何が必要か、阿弥陀さまが子どもを通して教えてくださいます。

そうして親になっていくのです。

しっかりわが子に目を届けましょう。

妙慶メモ

子どもの年齢は、親にならせてもらった年月と同じ。
共に育ち合えばいいのです。

40

子どもに恵まれないと苦しんでいる人へ

授かるのもご縁
授からないのもご縁

智慧《ちえ》の光明はかりなし　有量《うりょう》の諸相ことごとく
光暁《こうきょう》かぶらぬものはなし　真実明《しんじつみょう》に帰命《きみょう》せよ　『浄土和讃』

女性の社会進出が進む中、ストレスから結婚しても子どもに恵まれないという方が増えています。

お寺に嫁いだ後輩は、結婚して1年もたたないうちから、ご門徒に「赤ちゃんまだ？」と聞かれ、精神的に追いつめられたそうです。

すんなり子どもに恵まれた人の中には、妊娠は当たり前だと思っている人も多いのです。

ところで、子どもができないことがどうして苦しいのでしょう？

それは「比べる」からです。

結婚して子どもに恵まれた人と、子どものできない自分の境遇を比べるから、持っている人に対して不足があるような気がして苦しいのです。

ですが、親鸞聖人は「智慧の光明はかりなし」とおっしゃっています。人間の勝手な思い込みが、真実を見えなくする闇をつくり出しています。その闇を照らし出してくれるのが阿弥陀さまの智慧の光明です。

その闇を照らされると、私は何を悩んでいるのかがわかります。

悩みをつくる原因は「分別（比較する心）」ということです。

誰かと幸せを比べている間は、阿弥陀さまの智慧の光明にふれることはできません。

そもそも、子どもはつくるのではないのです。

私たちの解釈、計算を超えた「ご縁」のたまものなのです。

授かるのもご縁、授からないのもご縁なのです。もし授からない場合、すべての子どもは仏さまの子として、慈しみの心で接していきましょう。

血を分けた子の母になれなくても、母の心を持つことはできるのです。

妙慶メモ

人と自分を比べるから
どんどん辛くなっていくのですね。
世間のものさしで自分を測《はか》るのは
もう終わりにしましょう！

41

バカにされて悔しい人へ

バカにされてもバカにならないご安心を

凡夫《ぼんぶ》というは、無明煩悩《むみょうぼんのう》われらが身にみちみちて、欲《よく》もおおく、いかり、はらだち、そねみ、ねたむこころおおく、ひまなくして臨終《りんじゅう》の一念にいたるまでとどまらず、きえず、たえず

『一念多念文意』

人からバカにされ落ち込んでいる方からメールをいただきます。

そのときは「人間はもともと煩悩を抱えた凡夫なんだから、落ち込まなくていいんですよ」と返事をします。

親鸞聖人は「凡夫とは、煩悩を抱えた私たちのことで、物事の正しい道理がわからないために常に心が乱されて、欲が多く、怒り、腹立ち、そねみ、ねたむ心が休むひまもなく湧き起こって、臨終のそのときにいたるまで無くなることがない」とおっしゃいました。

ここで言う「物事の正しい道理」とは、「周りにあるすべてのものは常に移り変わるものであり、実体はない」という意味です。

それなのに人間は自分の解釈で判断し、実体はないものを「思い通りにしたい」と願う、愚かな執着を捨てることができません。

「そんな我が身に気づかせていただき、自分を大きく見せることなく、また、自分を卑下することもなく、『これが私でありました』と等身大の私で生きていけばいい」と親鸞聖人はおっしゃいます。

バカにされたからってバカになるわけではありません。

人はみんなもともと凡夫なのですから、ご安心を。

バカにする人と同じことをせず、バカにされた人の気持ちに寄り添える人でいきましょう。

妙慶メモ

あなたを傷つけた相手もバカな凡夫なんです。
完璧な人間なんてどこにもいないのですから。
誰かの基準で自分を評価しない。
あなたらしさを大事にすればいいのですよ。

42

人の間違いが許せないという人へ

「何よ！　あの人」と
人さし指で人を指しているとき
残り3本の指は自分を向いている

雑毒《ぞうどく》の善《ぜん》『教行信証』

「人の間違いが許せない」と言う方がいます。

きっとその方が真面目に一生懸命に生きてきたからこそ、いい加減に生きている人を許せないのでしょう。

私たちは、倫理や道徳を教えられてきました。

何が善で、何が悪であるかをよく心得て、ひたすら善を求めて生きるように育てられてきました。

しかし、善いことだけをして生きてきたという人などいるでしょうか？

そんな人はいないでしょう。

悪い誘惑があれば何をしでかすかわからないのが私たちなのです。

私たちは完璧に善い人間であり続けることはできません。

それなのに人間は、自分が善いことをしているという意識があると、他人を批判したくなります。

しかし、それは「自分は正しい」という自惚《うぬぼ》れの表れです。

そのことを親鸞聖人は「雑毒の善」とおっしゃいました。

自惚れの心で誰かを批判し、「何よ！　あの人」と人さし指で人を指すとき、残り3本の指は自分を向いています。

その3本の指を通して、誰かを批判するあなたの間違いを、阿弥陀さまが指摘してくださっているのです。

大切なのは「私も人に迷惑をかけて生きている」と気づくこと。

そのことに目を向け、謙虚に生きることなのです。

妙慶メモ

「あなたはいつもこうよ！」
と相手を非難するとき、一度胸に手を当て
「私たちはこうだよね」と言いなおしてごらん。
次に続く言葉が違ってきますよ。

43

自然災害が怖い人へ

大いなる恵みに恩徳を感じ
喜び生きよ

信心の行者には、天神地祇《てんじんじぎ》も敬伏《きょうぶく》し、
魔界外道《まかいげどう》も障碍《しょうげ》することなし『歎異抄』

この原稿を執筆中の２０１４年の夏から秋にかけては、自然災害で多くの方が犠牲となり、また農作物にも被害が出て、自然を相手にしている職業の方は深刻な事態に立たされています。

「もうこんな割の合わない仕事は辞めたい」と嘆き悲しむ方もおられるでしょう。

さて、ジョニー・ハイマスという写真家をご存じでしょうか。「日本の粋」に魅了され写真を撮り続けた方です。

ジョニー・ハイマスさんが田んぼを撮影していたとき、ある農家の方に出会ったそうです。

その人は「私は天地を相手にしているから、毎年1年生になった気持ちでおるんや」とおっしゃいました。

そこにジョニー・ハイマスさんは日本の「粋」を感じたというのです。

「俺はベテランやから何でも知っている」という顔をするのではなく、天地の中で生きることしかできない身である。だからいつも新鮮な気持ちで仕事をしているという謙虚さに感動したというのです。

「不自然な生き方をしようと」しているとき、生きがいがもてなくなるのかもしれません。天地から離れた生き方をしているのかもしれません。

天神・地祇も敬伏するという親鸞聖人のお言葉は「自然に降参！」という諦めではなく、むしろこの大いなる自然の中で私たちは包まれて生きていることの歓喜の声なのです。

念仏をいただくと、大いなる恵みに恩徳を感じ、喜び生きることができるのです。

自然災害は怖いもの。しかし、自然界からいただく恵みは私たちに喜びを与えてくれることを忘れずに。

妙慶メモ

自然災害は確かに怖いものです。
しかし、私たちは天地の中でしか
生きることはできません。
思い通りに生きられないことを
自然から学びましょう。

44

人を信じられなくなった人へ

金品が手に入ることが「儲かる」ではない
信じられる者になれた喜びが「儲かる」

信楽《しんぎょう》というは、如来の本願、真実にましますを、
ふたごころなくふかく信じてうたがわざれば、信楽《しんぎょう》ともうすなり
『教行信証』『尊号真像銘文』

「あなたのことを信じている」

そう言われるとドキッとしますね。

この「信じている」には、「あなたが私を大切にしてくれるなら信じます」という条件が入っています。

「大切にしてくれなければ、裏切ったと思って怒るから！」と言われているのも同じだからドキッとするのです。

かつて、夫から「離婚してほしい」と言われたことがありました。

その悲しみを朋友に相談すると、「この寺で共に生きていくと二人で誓ったことを思い出し、阿弥陀さまに手を合わせればいい。そのうち、つれあいさんの気持ちは落ち着くよ」とアドバイスをくれました。

離婚してくれと言われたときは「夫に裏切られた」という怒りしかありませんでした。

しかし、朋友のアドバイスを信じて、夫の「別れたいというくらい辛い」

という気持ちに向き合えたとき、自然と阿弥陀さまに手を合わせて頭を垂れる自分がいました。

その結果、今も私と夫は仲良く暮らしています。

親鸞聖人は「条件付きで信じるのでもなく、疑うのでもなく、ただ素直に阿弥陀さまを信じることを『信楽』というのだ」とおっしゃいました。

ちなみに、「信」じる「者」と書いて「儲かる」です。

実は、「儲かる」とは、金品が手に入ることではなく、阿弥陀さまの教えを素直に信じられる者になれた喜びを得ることだと思っています。

「あなたを必ず救う」という阿弥陀さまを信じましょう。

あなたは守られているのですから、何事もなるようになります。

妙慶メモ

心のままに気持ちをぶつけると逆効果、
ものごとはいい方向に進みませんね。
自分の心と向き合うことで、
解決策は出てくるものですよ。

45

死を宣告された人へ

生きるも死ぬも、すべては「縁」
いのち尽きるまで、しっかり生きよ

なごりおしくおもえども、娑婆《しゃば》の縁《えん》つきて、
ちからなくしておわるときに、かの土《ど》へはまいるべきなり 『歎異抄』

死の宣告を受けたとき、目の前が真っ暗になると同時に「なぜ私が」という怒りと後悔しか出てこない。

この苦しみは宣告された人にしかわからないでしょう。

親鸞聖人は「この世との別れをどんなに名残惜しく思っても、その縁は尽きる。ちからなくして人生の終わり（死）をむかえるとき、浄土に参るのです」とおっしゃいました。

「娑婆の縁つきて」という意味は、私たちが死ぬのは「縁が尽きた」からだということなのです。

これは諦めでもなんでもなくて、生きるということは死ぬことを受け止めた「生」でしかないのです。

だから「自分のいのち尽きるまで、しっかりと生きる」という自覚の言葉なのです。よく宴会の席で「名残惜しいのですが、閉会となります」と言う、「名残惜しい」という言葉は、いつか終わるとわかっていても、これで終わるのは惜しいなという意味で、終わることを自覚したうえでの「名残惜しい」なのです。いつか終わると自覚するから楽しいのです。

では、なぜ「死」が怖いのでしょうか？

それは「まだやり残したことがある」という未練があることと、「自分が消えてしまう」という不安からなのです。

ですが、たとえ健康であっても、事故に遭遇すると死ぬ可能性だってあります。

死の宣告をされようと、されまいと、明日のことはわからないのです。つまり、大切なことは、「今日が最後なのだ」と思って生きることです。

「今」を受け止める心が安心につながります。

自分で決められるものは何ひとつありません。

すべては「ご縁」をいただいているのです。

妙慶メモ

「生老病死」は私たちが避けられないもの。
残りの人生で、今日が一番若いのです。
人生を味わい尽くすつもりで
今日一日過ごしてみましょう！

46

霊感商法にひっかかった人へ

お金で幸せは買えない
現実を引き受けた心が
人生に喜びをもたらすのだ

一紙半銭《いっしはんせん》も、仏法のかたにいれずとも、他力にこころをなげて信心ふかくは、
それこそ願の本意にてそうらわめ

『歎異抄』

ある女性は婚活パーティーの帰りに、知らない人から「結婚占いをしましょうか？」と声をかけられたそうです。

占ってもらうと「印鑑を買えば不思議な力で結婚できる」と言われ、20万円もしたそうですが、「これで白馬の王子さまが来るのなら」と購入したそうです。

「なのに、あれから6年たった今も、縁談はありません」と私の元へ怒りのメールがきました。

結婚に不安を抱えた人の心を利用した詐欺です。

印鑑にあたかも超自然的な霊力があるように思わせて、不当に高い値段で売り込むのは本当に悪質な行為です。

このように、人間は不安を感じると、「おかしいな」と思っても、その嘘に引き込まれてしまうことがあります。

現実を無視して、自分に都合のよい夢を見たがる人々の心に、詐欺師は付け込むのです。

親鸞聖人は「どのような宝物を仏前に供えても、信心がなければ何の役にも立たない。紙一枚、銭半銭さえ仏法のために献じなくても、阿弥陀さまのお力にまかせきって信心が深いならば、それこそ阿弥陀さまのお心に叶《かな》っているのであろう」とおっしゃいました。

つまり、願いを叶えてもらうために物やお金を頼みにしてもダメなのです。

それよりもまず、阿弥陀さまの「あるがままの現実を生きよ」という教えを理解するのが先なのです。

あるがままを生きようとせず、お金で幸せを買おうとしても、決して幸せにはなれません。

どうかそのことを忘れずに。

妙慶メモ

今すぐ楽になるならと、
すがるような気持ちで買ってしまう。
人間の弱い心のすき間に、霊感商法は入ってきます。

47

幸せになれないと感じる人へ

ものごとは複雑化せず素直に受け止めよ

ただほれぼれと弥陀《みだ》の御恩の深重《じんじゅう》なること、
つねはおもいいだしまいらすべし 『歎異抄』

私は「心が元気になる講座」を開いています。さまざまなストレスから心を解放していただき、生き生きとした人生を送ってほしいという気持ちから開講して11年になりました。

いつも来られるAさんは、毎回決まった席に座ります。眉間にシワを寄せて、必死にメモを取って聞いておられます。

そのAさんがある日、帰り際に暗い顔で「妙慶さん。私はこのたび課長になったのですが、選ばれた理由がわからず苦しいのです」とおっしゃいました。

私は「『どうして私が課長に選ばれたのか？』と分析したりして、常にものごとを複雑化するから、楽に生きられないのですよ」と伝えました。

Aさんのように、人間はやたら理屈をこねたがるものです。

「なぜ私のことを好きになったの？」「なぜ私がこの仕事を任せられたの？」「なぜここまで私に優しくしてくれるの？」

「なぜ？」と問うても、そうなったのだから、それ以上説明しようがないのです。

しかし理由がないと納得できない。

理性がすべてを複雑化して、目の前の幸せを感じられなくなっているのです。

親鸞聖人がおっしゃるように「理屈抜きに、ただ全身の力を抜いて阿弥陀さまの深いお心をいただき、今の幸せをかみしめる」。

そうすればいいのです。素直に受け止めましょう。

妙慶メモ

幸せとは、考え込んでいただくことではなく
感じることですよ。

48

夫婦仲の悪い人へ

パートナーは鏡
短所を映し出すことで
あなたを磨いてくれる

あれは観音《かんおん》にてわたらせ給うぞかし　『恵信尼《えしんに》消息《しょうそく》』

「あんな人とは思わなかった」

結婚したことを後悔した人がつぶやく最も多い言葉です。

では「どんな人」だったらよかったのでしょうか。

共同生活を始めると、おたがいの価値観の違いに気づくようになります。

すると、悪いところばかりが目につき、一番大事な「相手を敬う」という気持ちが無くなっていきます。

その結果、「優しいと思って結婚したのに当てがはずれた」と言うようになる始末。

相手も「一生の不覚だ」と嘆きます。

けれど周りの目もありますから、外ではいい夫婦を演じ、形ばかりの関係になってしまうのです。

私は嫁ぐとき、師から「短所は片目で見る。長所は両目で見る」という言葉をいただきました。

私たちの目は、悪いところはよく見えるのですが、良いところはなかなか見えないように出来ています。

だからこそ、積極的に長所を見るようにとアドバイスされたのです。

共に生きるとはどういうことでしょうか。相手の短所ばかりに目を向けるのではなく、「お互いさま」という気持ちで、「私も迷惑をかけているのだ」という視点になるということです。

親鸞聖人は妻、恵信尼さんのことを「観音菩薩」と呼ばれました。

「自分の醜いところを映し出して教えてくれる鏡、観音さま」として尊敬したのですね。

夫婦とは、相手のなかに自分を映し出すもの。

自分の不甲斐なさを見せて成長させてくれる、ありがたい存在なのですよ。

妙慶メモ

配偶者の短所を愚痴ることは
自分の短所を披露するようなもの。
うちの妻（夫）にはお世話になっている。
そういう私もすばらしい人間です。

49

お金持ちになりたい人へ

飛んで富《とみ》の火に入《い》る欲の虫
最後に焼け尽くされるのは私

劫濁《こうじょく》のときうつるには　有情《うじょう》ようやく身小《しんしょう》なり
五濁《じょく》悪邪《じゃ》まさるゆえ　毒蛇《どくじゃ》悪龍《りゅう》のごとくなり
『正像末和讃』

『阿弥陀経』に五濁（五つの濁《にご》り）という教えがあります。

一つ目が「劫濁」。これは、時代が濁り、私たちの感覚が麻痺した結果、殺人や戦争などの人災が引き起こされる状態です。

二つ目は「見濁《けんじょく》」で、欲望で目が濁る状態。

三つ目は「煩悩濁《ぼんのうじょく》」で、自分さえ得をして生きられればいいという状態です。

人間らしさを失う社会の濁りが、四つ目の「衆生濁《しゅじょうじょく》」。

そして、生きていくことの意義が見失われることを五つ目の「命濁《みょうじょく》」とします。

親鸞聖人は、「五濁悪世といわれる時代に入って、人間の身体《からだ》はギスギスして縮こまったようになり、心は邪《よこしま》となって、あたかも毒蛇や悪龍のようだ」とおっしゃいました。

私たちはより便利な生活を追い求めてきました。

その結果、確かに便利にはなりましたが、空いた時間でさらなる効率が求められるようになり、かえって時間に追われることになってしまいました。

便利で効率的になったのに、自殺する人は増える一方です。

これは健康的な世の中ではありません。

「濁」という漢字の「目」の下にある「勹（つつむ）」と「虫」は、葉っぱに張りつく桑虫のこと。桑虫が目にくっついて、本物が見えなくなるという意味です。さんずいは水のこと。目の中の水が濁り、本当が見えなくなるのです。

自分だけが幸せになればいいという濁った考え方は捨て、目先の利益ばかりを追う生き方はやめにしませんか？

そんな生き方は、かえってあなたを生きづらくさせ、流転するだけの人生になるのですよ。

妙慶メモ

お金だけに執着する人は金持ちに、名声が欲しい人は有名人に、血筋を重んじる人は権力に弱い。人間は欲しいものに弱いのです。念仏者（お念仏をいただいている人）は欲望に縛られず活き活きしています。

50

他人を大切にできない人へ

縁という字は糸偏《いとへん》
すべての人と糸で結ばれている

親鸞《しんらん》は父母《ぶも》の孝養《きょうよう》のためとて、一返《いっぺん》にても念仏もうしたること、いまだそうらわず。そのゆえは、一切の有情《うじょう》は、みなもって世々《せせ》生々《しょうじょう》の父母《ぶも》兄弟なり　『歎異抄』

事件や事故の報道があるたび寂しくなる言葉があります。

「日本人には被害がなかった模様です」

それを聞いた私たちは「我が町のことでなくて、親や子のことでなくてよかった」と思うでしょう。

これは、身内、仲間意識で生きる私たちには自然な感覚なのでしょう。

ところが、親鸞聖人は、「父母だけのために、一度として念仏したことはありません」と、私たちの度胆を抜くようなことをおっしゃっています。

一見、何という「薄情な人」なんだと思いますね。

そうではありません。

なぜなら親鸞聖人は、「いま現に生きとし生けるものは、あらゆるいのちとつながりがあって生きる父母兄弟のような存在だからである」と考えておられたからです。

私たちは、多くの人と関わりながら生きています。

その関わりは、血を分けた両親や家族、親しい友人というところにとどまるものではないのです。

私たちの気がつかないところで、すべてのいのちと関わり合い、支え合っています。

先日、友人が駅のホームで倒れたそうです。いちはやく抱えて病院に連れて行ってくれたのは、周りに立っていた人だったとのこと。友人は「大丈夫ですか?」と声をかけてもらうたび、涙が止まらなかったそうです。倒れたというご縁が、その場にいた人との縁があって助けられたのです。

切り離す人生なんかありません。

目に見えないご縁によってつながっているのです。

私一人ではないよと。

妙慶メモ

私にとって、関係のない人なんていません。
地球上に生きる私たちは、みな同じ家族です。

51

清く美しく生きたいという人へ

不真面目な自分を知ってこそ人の魅力は輝きだす

浄土真宗に帰《き》すれども　真実の心《しん》はありがたし
虚仮《こけ》不実のわが身にて　清浄《しょうじょう》の心《しん》もさらになし
『正像末和讃』

私がある老人ホームで法話を終えロビーで休憩をしていると、ある女性が慰問に訪れ、各部屋を回っておられました。

入居者の皆さんは大層喜び、涙を流しながら握手をしています。

活動をされていた女性が浮かべていたのは、それは慈愛に満ちた笑みでした。


さて、すべての人と握手を終えた女性が向かったのは、トイレの洗面所。そこで念入りに石鹸《せっけん》で手を洗っているのです。

私がその姿を見ていることに気づくと、彼女は呆然とした表情で私の顔を見ながら「これが私の本性なのですね」とおっしゃいました。

もうおわかりですよね。

彼女が念入りに手を洗ったのは、入所している老人は汚いという感覚でいたせいです。

慰問しながら、心の中では、どこかで差別意識を持っていた。

法衣姿の私に見られたということで、本音を思わずお話しくださったのです。

私は「私も含め、これが人間なんですよ」とお伝えしました。

親鸞聖人は「皆、虚仮不実である」とおっしゃっています。

「清く正しく美しくと見かけを立派にするのではなく、煩悩をもっているただの人である私の姿を、しっかり意識することが大事なのだ」とおっしゃるのです。

そこから阿弥陀さまの大地（安心して生きることのできる地）に足をつけた、確かな生き方ができるのです。

「これが私の本性です」と自分の本性に向き合った彼女は、とても魅力的でした。

妙慶メモ

自分の短所に気がつけるのは、その人の長所。
自分の短所に気がつけないのは、その人の短所。
私はそんな人間ですと、認めていきましょう。

52

遺産相続で争っている人へ

欲望で眼鏡を曇らせれば
大切な人を見失う

惑染《わくぜん》凡夫《ぼんぶ》信心《しんじん》発《ほっ》『正信偈』

友人の母の葬儀にお参りさせていただきました。

友人には父親違いの妹がいます。

お互いの父親も亡くなり、姉妹二人きりです。友人は妹に「母の遺品を一緒に整理しながら、思い出話でもしない？」と提案。

しかし、妹は、母が亡くなる前日に母親の部屋に入り、通帳、宝石類などをすべて持ち出していました。

友人が「どうしてそんなことを勝手にするの？ 二人の母親じゃない」と言うと、妹は「私の方が母と長く接してきたわ！ あなたは母と一緒に住んでないじゃない。私がすべてもらって当たり前でしょう」と強気です。

友人は「私は父に引き取られ、母と住めない事情があったのはあなたにもわかるでしょう」と訴えましたが聞いてもらえませんでした。

さて、親鸞聖人がおっしゃる「惑染」の「惑」とは煩悩のこと。

妹さんは「遺産が欲しい」という煩悩に「染」まって、他のことは何も見えなくなっています。

友人は、ゆっくり遺品を整理した後、妹にあげるつもりだったそうです。けれども「惑染の凡夫」である妹には、そんな友人の心が見えません。1週間後にはなんと妹が依頼した弁護士から、財産をめぐって「裁判を起こす」と連絡があったそうです。

友人は「こんなことで裁判になるなんて残念だわ」と涙をこぼしていました。

曇った眼鏡（煩悩）でしか肉親を見ることができないなんて、悲しくはありませんか？

どうか眼鏡を濁らせないで。曇りのないすっきりとした眼鏡で見れば、いつだって大切な人の本当の姿が見えてくるのですから。

妙慶メモ

親の物を奪い合うのではない。
親の心を相続することが大切です。

53

恨みをつのらせている人へ

充実した人生とは
邪魔ものがいなくなることではない

証《しょう》知《ち》生《しょう》死《じ》即《そく》涅《ね》槃《はん》『正信偈』

「自信をもって受けたオーディションは不採用。悔しくて苦しくて仕方ありません」と女性からメールをいただきました。

ところで、オーディションで採用されなかった彼女の悔しさの原因はどこにあるのでしょう？

私を落とした審査員が憎い？　それとも、他の人に役を奪われたのが悔しい？

こんなことを問うのは、苦しみの原因がわからなければ、その人は一生苦しい人生を歩むことになると思うからです。

私は師から「部屋が暗いと歩くのも怖いよね。けれども、部屋の明かりをつけると机や椅子などがよく見えるから、安心して歩けるようになる。仏さまの教えに出遇うということは、明かりをいただくということ。邪魔ものがなくなるのではなく、邪魔ものがはっきり見えるようになるから、人生を安心して歩めるようになるのだよ」と教えていただきました。

さて、親鸞聖人は、曇鸞《どんらん》大師の「生死即涅槃なりと証知せしむ」の教えを大切にされました。

「(阿弥陀さまを信じれば)生と死の迷いや苦しみはそのまま悟りとなり、人生は無意味ではなかったとはっきりわかりますよ」という意味です。

つまり、人は迷いや苦しみから「悟り」を得ることができるということです。

自分を落とした審査員が憎いなら、どうすれば彼らの目にとまったのかを考えればいいのです。

採用された人が憎ければ、その人の魅力を研究して自分のものとすればよいのです。

「邪魔もの」を教えの対象として見ていける人こそ、素晴らしい魅力を発揮できるのではないでしょうか。

妙慶メモ

恨みや苦しみの原因をしっかりと見つめましょう。
邪魔ものの正体がわかると、安心して人生が歩めますよ。

54

学歴コンプレックスのある人へ

「学歴さえあれば、私のほうが上」
そんな傲慢が出世を拒む

邪見《じゃけん》憍慢《きょうまん》悪衆生《あくしゅじょう》『正信偈』

「私はいい大学を出ていない」と学歴コンプレックスで悩む人がおられます。

そんな人は一見、劣等感の中で生きているように見えますが、実は学歴とは関係のない、「自分の抱えている邪見」の中で生きています。

「邪見」とは、因果（自分のしたことは自分に返ってくるという道理）を無視する誤った考え方のことです。

「私にいい学歴があればもっといい生活ができたのに」と嘆く人は、現在の生活に対する不満や不平を「学歴」のせいにして、自分の実力を見ようとはしません。

「いい大学」を出て出世した人は、その大学を出たから出世したのではなく、大学を出たあとも自分で努力と経験を重ね、たまたまご縁をいただいただけです。

これが因果です。

その証拠に、「いい大学」を出ても出世していない人はたくさんいますし、学歴を持たなくても社会で活躍している人も大勢います。

それなのに、学歴コンプレックスを手放せないのは、「私が出世できないのは学歴がないせいだ」という言い訳が必要だからです。

言い訳の陰には「学歴さえあれば、本当は私の方が上だ」という傲慢の心が潜んでいます。

この心が「邪見」です。

親鸞聖人は「因果を無視して自分の考えに固執する人間も、心を転じて阿弥陀さまの教えを素直に受け取れば救われる」とおっしゃっています。

驕《おご》りは捨てて、今の自分にできることを積み重ね、実力をつけましょう。

妙慶メモ

他人を見下して得られる自信は
すぐに壊されてしまいます。
本当の実力を身につけましょう。

55

仕事の限界を感じている人へ

人々の声を聞け
鈍感になってはいけない

無《む》眼《げん》人《にん》無《む》耳《に》人《にん》『浄土和讃』

テレビ番組の収録が終わって帰ろうとすると、局のディレクターさんが「今後のことで相談に乗っていただけませんか？」と悲壮な顔をしています。なんでも彼女は、今の仕事に限界を感じているというのです。

彼女が取材したことをビデオにまとめて上司に見せると、「おまえは何を見て聞いてきたのか？　取材相手が何を訴えようとしているのかわかっているのか？」と厳しく叱られたそうです。

しかし彼女には、なぜ叱られたのか理解できません。

私が「普段、新聞を読んで、さまざまな社会問題をテーマに友達と会話している？」と聞くと、「楽しい話題だけしています」という返事。

それでは自分の興味のあることにしか気持ちを傾けていないことになります。

ある事件をきっかけに「ここでは何が問われているのか？」「どんな悲しみが生まれたか？」を調べ、それを世の中に伝えて、事件に興味がなかった人に興味を持ってもらうことが、番組をつくる人の課題ではないでしょうか。

興味のあることだけに敏感でいたのでは、すぐに仕事は回らなくなります。

これは彼女のように番組をつくる人だけに言えることではありません。

仕事とは、すべて世の中の誰かの「ニーズ」を満たすためにあります。

ですから、仕事人に必要なのは、実際に現場を見に行って、人々の叫びの声を聞き、何を求めているのかを知るということなのです。

鈍感になることほど怖いことはありません。

感じる眼と耳を養えば、仕事はどんどん面白いものになります。

妙慶メモ

自分の興味の範囲だけで生きていませんか？
世の中に鈍感になっていませんか？
感じる眼と耳を養えば
仕事への姿勢が変わってくるはずです。

56

苦しいだけの人生だと嘆いている人へ

苦しみが、人生の喜びを際立たせる

無碍《むげ》光の利益《りやく》より　威徳《いとく》広大の信をえて
かならず煩悩《ぼんのう》のこおりとけ　すなわち菩提《ぼだい》のみずとなる

『高僧和讃』

「幸せって何?」と聞くと、人々は「健康で長生きすること」「家族が仲良くできること」「仕事が順調にできること」「金持ちになること」「愛する人と一緒にいること」などと口々に言います。

あるいは、「病気で苦しいけれど、入院先で多くの友達ができたから幸せだ」とか、「愛する人は亡くなったけれど、素敵な思い出があるから幸せだ」とか言う人もいます。

このように、苦しみの中でも幸せを見出せる人が、人生を堪能するスペシャリストなのでしょう。

親鸞聖人は「阿弥陀さまの光によって、徳に満ちた大きな信心を得ることができれば、日の光に氷がとけて水になるように、煩悩がとけて悟りの智恵に変わっていく」とおっしゃいました。

「信心を得る」というのは、心を込めてお参りをすることではありません。

「今、抱えている問題をごまかすことなく、阿弥陀さまの教えをいただきながら、そこに焦点を当ててしっかり見つめる」ということです。逃げるのではなく、正面から見つめること。

そうすれば、とるに足らない欲望の心はなくなって、本当の幸せが見つかるのだよ、と親鸞聖人はおっしゃっています。

苦しみがやってくると、それまで幸福だった自分に気づくことができます。

それをきっかけに、今も自分がいかに多くの幸せを手にしているかがわかるのです。

甘いものに一振りの塩を足すと、かえって甘みが引き立つように、苦しみは人生の喜びを際立たせてくれるもの。

そんなふうに考えてみてはいかがでしょうか。

妙慶メモ

辛《から》かったり、しょっぱい経験をするから
幸せな甘さを味わうことができます。
人生には光と影、表と裏、入り口と出口があります。
両方あるから人生は楽しいのです。

57

パワースポット巡りをしている人へ

人間として大切なことは
たった一つだけ
お礼を言うことである

極悪深重《ごくあくじんじゅう》の衆生《しゅじょう》は　他の方便《ほうべん》さらになし
ひとえに弥陀《みだ》を称してぞ　浄土《じょうど》にうまるとのべたもう　『高僧和讃』

神社はパワースポットということもあり、有名なところなどは参拝者が長蛇の列です。

どうして長蛇の列になるかご存じですか？

お願い事をする人があまりにも多く、しかも自分の番がくると後ろに並んでいる人のことは考えないで長時間お願い事をするせいで、列が前に進まないからだとか（笑）。

けれども、神社の関係者は「ここはお願い事ではなく、お礼参りをするところなんですよ」とおっしゃいます。

人間というものは、煩悩を捨てられないため、請求することばかりに一生懸命になります。

そのせいで、参拝者の行列のように、見えないところ、知らないところで、どれだけ人に迷惑をかけているかに気がつかないようです。

親鸞聖人は、「そんな私たちが救われるには、ひとえに『南無阿弥陀仏』

とお念仏を称《とな》えるしかない。そうすることでのみ、浄土へ生まれることが叶《かな》うのだ」と教えられるのです。

お念仏を称えるということは、「頭を下げる」ということです。「願う」のではなく「頭を下げてお礼を言う」のが、本来のお参りなのです。

「南無阿弥陀仏」の6字に込められた阿弥陀さまのお心（すべての人々を救いたいという願い）をそのまま受け止める人になってください。

妙慶メモ

「お陰さま」と合掌できる心に孤独はありません。
それが浄土をいただくということです。

58

尽くしているのに報われないという人へ

その人を支える
同時に相手から力をもらう
これが奉仕である

「証」と言うは、すなわち利他円満の妙果《みょうか》なり『浄土文類聚鈔《じょうどもんるいじゅしょう》』

ある学生が被災地へボランティアに行き、関係者に「時給はおいくらでしょうか？」と聞いたそうです。

どうもボランティアをアルバイトだと思っていたようです。

働いた分の見返りがないとやっていられないということでしょう。

このように、自分のメリットだけを考えて生きる人は、最後には行き詰まってきます。

なぜなら自分のことしか考えられず、視野が狭まってくるからです。

逆に、他人のためだけに自分を犠牲にする人生も行き詰まります。

自分が犠牲になれば「あれだけしてやったのに」と恨むようになるからです。

いずれにしても、偏り過ぎれば、「施しをする人」「施しをされる人」に分かれます。

親鸞聖人は「それでは円満な結果は得られない」とおっしゃっています。

親鸞聖人のおっしゃる「利他円満」とは、「自分がしてあげたことで他者が喜んでくれるのが喜び」という次元のことではありません。

他人と関わることで、今までの自分の考え方が覆《くつがえ》され、視野が広がる。

そのことによって、相手もまた視野が広がる。

共に生かしあっていることに気づいたとき、一緒に幸せになれるということです。

自分と他人の上下関係が無くなり、共に幸せになりたいと願ったときに「よかったね」という共鳴の言葉が生まれるのです。

妙慶メモ

他人に関わることで視野が広がります。
相手もまた、視野が広がります。
してやったではなく
「ありがとう」と言い合える関係が本当の円満。

59

すぐひがんでしまう人へ

同じ水を飲んでも、
牛は乳をつくり出すが
蛇や蝎《さそり》は毒をつくり出す

悪性《あくしょう》さらにやめがたし　こころは蛇蝎《じゃかつ》のごとくなり『正像末和讃』

ある人は「あの人、きれいで優しいね」と言います。

しかし別の人は、同じ人を見て「性格もきつそうで腹黒い人よ」と言ったりもします。

同じものを見ても、見る人によって感想はまちまちです。

親鸞聖人は、そんな私たちの心のありようを、「煩悩によってものごとを悪くとり、蛇や蝎のように毒をつくり出すことをやめられない。愚かなものだ」とおっしゃいました。

同じ水を飲んでも、牛は乳をつくり出しますが、蛇や蝎は毒をつくり出します。

このように、私たちは同じ物事を見ても、それぞれの価値観でさまざまな受け取り方をするのです。

マイナス方向にしか物事を見られない人は、素敵な方を低く見積もります。

そうなったときに怖いのは、「自分のほうが優れている」と勘違いして、自らを高める努力を怠るようになることです。

あるいは、せっかく素晴らしい教えを聞いても、それぞれの勝手な価値観で受け取ると、話の意味合いが変わってしまいます。

そうなると、阿弥陀さまの教えも、先人たちの教えも、歪んだ状態で伝わることになります。それでは意味がありません。

他人を見下したいという煩悩から「何よ、あの人」と思ったときは、身体《からだ》の中に毒を溜めているのだと思ってください。

毒はあなたの判断を鈍らせ、心身を弱らせます。

健やかなあなたでいるために、自分より優れている人をしっかり認めてください。

それさえできれば、自分の現状が見えるようになり、その結果、優れたその人に近づけるようになるのですから。

妙慶メモ

「ひがむ」という煩悩が
あなたの中で毒を生むのです。
自分より優れている人は
自分のお手本だと思えばいいのです。

60

叱り方がわからない人へ

感情にまかせず
理性という思いやりで叱るのだ

煩悩具足《ぼんのうぐそく》の身《み》なれば、こころにもまかせ、
身《み》にもすまじきことをもゆるし、口《くち》にもいうまじきことをもゆるし、
こころにもおもうまじきことをもゆるして、いかにもこころのままに
あるべしともうしおうてそうろうらんこそ、かえすがえす不便《ふびん》におぼえそうらえ

『御消息集』

ある方から「部下の一人の傲慢な態度にお客さまからのクレームも相次ぎ、同僚からも批判が出ています。上手な叱り方があれば教えていただけませんか」と手紙をいただきました。

さて、親鸞聖人は「煩悩を具《そな》えた身であるからといって、自分の心の動きにまかせて、するべきではないことをして、言うべきではないことを言い、思うべきではないことを思って、どんなことでも心のままにあるのがよいのだと思っている人がいるなら、本当に悲しいことである」とおっしゃいました。

これは、怒りにまかせて感情を吐き出すだけでは相手に伝わらないよ、ということです。

私は親鸞聖人のこの言葉を書き添えて、お返事しました。

その結果、その方は部下に「今の君の態度を放っておくのは、会社のためにも君のためにもよくないと思う。しかし、君にも言い分があるのではないか？　どうか教えてほしい」と伝えました。

感情を抑えた思いやりの溢《あふ》れる言葉に、部下は涙を流しながら「これからは真剣に仕事をします」と誓ったそうです。

阿弥陀さまは、多くの教えのなかで、「やるだけやりなさい。あとは私が引き受けてやろう」とおっしゃっています。

怖がることはありません。

感情にまかせず、思いやりをもって理性的に叱れば、あなたの思いはきっと相手に伝わりますよ。

妙慶メモ

一つの言葉でけんかして、一つの言葉でなかなおり。
言葉のかけかた一つで、人は変わることを忘れないで。

61

行き止まりだと感じる人へ

今まで「踏みつけていた大地」が「支えてくれる大地」だったと心を転じたら人生は変わる

もとのこころをひきかえて、本願をたのみまいらするをこそ、回心《えしん》とはもうしそうらえ

『歎異抄』

「仕事を失い、妻にも逃げられて、人間不信になった。テロ組織に興味を持つ若者の気持ちがわかる気がします」と、一通のハガキが私の元に寄せられました。

何をしてもダメ。悶々とした日々を過ごすうちに、もてあます人生を繰返している。これほど辛いことはありません。しかし、それがどうしてテロという感覚につながるのでしょうか。恐ろしいことです。

何の罪もない、何の関係もない人々のいのちを奪うテロ。それがまた、あちらこちらで報復する。いつまでやれば気がすむのか。人間の屈折した感情で大切ないのちが持て余されているのです。怒りの方向を間違うと、人間はいつまでも争うことしかできなくなる。

人間が生きるためには、努力や心がけも大切です。しかし、あてにした私の心は不安や怒りが襲ってくると変わってしまうのです。

親鸞聖人のおっしゃった「もとのこころをひきかえて」とは、そんな自分の心をひっくりかえし、阿弥陀如来の本願（他力）におまかせして、頭を下げて生きていきましょう、と教えてくれるのです。

すると、今まで大地を踏みつけていた私が、実はこの大地に支えられていたと気づくのです。これは、親鸞聖人が『歎異抄』の第16章で、何度も繰り返し伝えた「回心」なのです。

回心とは、「これまでの生き方」「生きるよりどころ」をガラッと転換することです。

親鸞聖人の生きた時代は、煩悩を捨てて立派な人になるとか、頑張ることで評価されることが当たり前とされていました。しかし、親鸞聖人はそうではなく「力を抜き、煩悩のまま生きていく」ということに気が付いたのです。そして、堂々と勇気をもって生きることができたのです。

自分の思い通りの生き方をするのではなく、あらゆる縁の中で人々と共存しているという感覚を失わず、生きていきましょう。

妙慶メモ

「回心」とは、ただ左から右に視野を変えることではありません。大切な教えに出遇い、「私」そのものの価値観をひっくりかえすということ。一度《ひとたび》の回心が、人生を貫くのです。今、その教えに出遇わなければ、一生、持て余す人生になりますよ。

62

個性がないと言われて悩む人へ

人生を感じる心が豊かな個性をつくり出す

愚者になりて往生す『末燈鈔』

ある劇団に所属する女性がオーディションを受けました。

テーマは「苦しい状況に打ちひしがれる女を表現しなさい」というもの。

結果は不採用でした。

理由を聞くと「個性がない」とのこと。

それから彼女は、個性について学ぶため、心理学や哲学を勉強したのですが、どうしても役につけません。

それはそうでしょう。個性は、「たぶんこうだろう」と想像を働かせたところに生じるのではありません。

生きる上で感じた苦しみや喜びの違いが、個性をつくり出すのです。

「愚者になりて往生す」とは、親鸞聖人が、師である法然上人から聞いた言葉です。

ここで言う愚かさとは、教養や知識がないことではありません。

欲望のままに行動して自分を見失ったり、自分にとって都合の良いことしか受け入れようとしない類の愚かさのことです。

「愚者になる」とは、そんな愚かな自分を知る人間になること。そのように素直になることで開ける人生があるのだ、というのが「愚者になりて往生す」です。


彼女は頭でもって個性を生み出そうとしました。

けれども、個性は自分の人生を生きることでしか生まれません。

悲しい、辛いと感じたり、うれしい、楽しいと感じた、そのときどきの気持ちを大切にしましょう。

感じることで、他の誰とも違う魅力的なあなたが生まれるのです。

妙慶メモ

知識を増やすことが、個性を生むのではありません。
人生の中での喜怒哀楽が
魅力的なあなたの個性を生み出すのです。

63

孤独を感じている人へ

私の知らない遠い過去からの
人々のつながりで、今この私がいる
なんと慶《よろこ》ばしいことだろう

ああ、弘誓《ぐぜい》の強縁《ごうえん》、多生《たしょう》にも値《もうあ》いがたく『教行信証』

あなたにとって未知の人物で、名前しかわからない人へ手紙を届けるとします。

何人を仲介すれば、その目的の人に手紙は届くでしょうか？

これは、アメリカで1960年代に実際に行われた実験だそうです。

差出人が、1600キロ離れた土地に住む、見知らぬビジネスマンに、人づてに手紙を送ろうとします。

自分の知人の中からビジネスマンにより関係が近づきそうな人に手紙を送るというやり方を繰り返すと、約六人を介するだけで目的の人物に届いたというのです。

2002年には、世界規模で同様の実験を行いましたが、やはり約六人で届いたそうです。

私たちの周りにはたくさんの人がいるのに、縁もゆかりもない人ばかりが生きているように思いがちです。

しかし、たった六人を通じてつながる世界を生きているのです。

「私は孤独だ」と言う方がいます。

けれども、それは本当でしょうか。

自分しか信じられないのは、自己中心的な思いで自らを縛り、自分以外の世界を切り捨てて生きているからではないでしょうか。

そうではありません。「皆、つながっている」のです。

「寂しい」という感情は、本当はつながることができるはずなのに、つながれない私たちだからこそ感じるものなのです。

親鸞聖人がおっしゃる「ああ、弘誓の強縁、多生にも値いがたく」とは、「私の気づかない遠い過去から、すべての人々とつながり合えてこそ、この私がいる。なんと慶ばしいことだろう」という意味です。

親鸞聖人のおっしゃるとおり、あなたは一人ではないのです。生まれる前から、阿弥陀さまがくださるたくさんのご縁（人々）に守られているのです。

妙慶メモ

あなたは一人ではないのですよ。
今も、この一冊の本で、
あなたと私のご縁は、つながっているのです！

おわりに

雰囲気のあるってどんな人でしょう。

お香を何度も焚き染めると、香りが衣類に移り、いつしかその人自身の香りとなります。これが「染香人」です。

同じように、念仏も繰り返し称《とな》えることで、阿弥陀さまの教えがその人に染みわたります。雰囲気のある人とは、お香が香るように、その身に染みついた阿弥陀さまの慈悲深い教えが滲《にじ》み出す人のことです。その人がその場にいるだけで、その場は和やかになります。求められる人というのは、きっとそのような人のことを言うのでしょう。

さて、親鸞聖人は頭で理解するのではなく身体《からだ》で感じることを大切にされました。

例えば、自動車免許取得のために車の構造を学んでも、実際に運転してみると始めはうまくできないでしょう。運転の仕方を頭で理解しても、身体で覚えていないからです。何度も経験してこそ、身につくのです。

教えを身につけるには、何度も何度も、繰り返し聞かせてもらうことが大事になってきます。教えが身につけばそれが信心となるのです。

さて、ある方から、「妙慶さん、死にます」とメールをいただきました。理由を聞くと「人生、こんなもんやとわかったから」とおっしゃいます。ですが、本当にわかったのでしょうか。「わかった」のではなく、「わかったと思った」だけではないでしょうか。わかっていないのに、すべてわかったことにするから、壁にぶつかったときにどうしていいかわからずに自分を見失うのです。

生きてみないとわからない。

やってみないとわからない。

お話ししないとわからない。

一分一秒、わからないことだらけです。

親鸞聖人は「お念仏をいただきましょう」とおっしゃっています。つまり「合掌しましょう」ということです。

手と手を合わせることは無抵抗の状態です。この状態では何もできません。「阿弥陀さま、降参します。今まで自分の意志で頑張ってきたのに、やっぱりどうにもなりません。後はあるがまま自然《じねん》におまかせします」と頭を下げるのがお念仏なのです。

その柔らかさを身につけている人が、雰囲気のある人です。

私たちは、「とにかく勝ちたい」と相手に向かっていくことを考えます。勝ち負けをつけようと思うから、争いが絶えないのです。

合掌する心に争いは起きません。

相手にも、自分にも勝とうとしないでください。

自分を許して生きていきましょう。

雰囲気のある人になりましょう。

これからの人生を歩く中で、色んなことがあると思います。この本を人生のお供にしてください。苦しみが転じて、喜びに変わることでしょう。

最後に、出版にあたり関わってくださった皆さん、講談社学芸図書出版部の依田則子さん、友人で真宗門徒の寒来光一さんに心からお礼申し上げます。皆様の協力があってこそ、さらに言葉が磨かれました。

初冬の京都より　川村妙慶

川村妙慶（かわむら・みょうけい）
1964年、福岡県生まれ。京都在住。真宗大谷派僧侶（正念寺坊守）。老若男女問わず、一日200通以上のお悩みメールに、一つひとつ丁寧に向き合う姿は、癒し系女性僧侶としてメディアでたびたび紹介される。ブログ「日替わり法話」は一日約6万アクセス。著書に『心の荷物をおろす108の智恵』『心のしくみがわかる本』『女の覚悟』（すべて講談社）ほか。
○日替わり法話　http://myoukei.com
○テレフォン法話　075-431-7603（なむあみ）

人生《じんせい》が変《か》わる　親鸞《しんらん》のことば

2014年12月4日　第1刷発行
2025年5月9日　第6刷発行

著　者　川村妙慶《かわむらみょうけい》

デザイン　長坂勇司
撮　影　理念系映像集団（京都）
協　力　杉本尚子　寒来光一
編　集　依田則子

発行者　篠木和久
発行所　株式会社講談社
〒112-8001 東京都文京区音羽2-12-21
電話　編集　03-5395-3522
販売　03-5395-5817
業務　03-5395-3615

印刷所　株式会社新藤慶昌堂
製本所　株式会社国宝社

KODANSHA

ISBN978-4-06-219255-2　279p　18cm　N.D.C.160